Von Rose-Marie Nöcker
sind als Heyne-Taschenbücher erschienen

Makrobiotische Küche · Band 07/4288
Sprossen und Keime · Band 07/4325
Gesundheit aus dem Zimmergarten · Band 07/4404
Heilerde · Band 08/9028

ROSE-MARIE NÖCKER

Körner und Keime

Der Sprossengarten im Zimmer

Originalausgabe

WILHELM HEYNE VERLAG
MÜNCHEN

HEYNE KOCH- UND GETRÄNKEBÜCHER
Nr. 07/4362

7. Auflage

Copyright © 1983
by Wilhelm Heyne Verlag GmbH & Co. KG, München
Umschlagfoto: H.-G. Mebusch, Gestaltung Rose-Marie Nöcker
Innenillustrationen: Sylvia von Braun
Umschlaggestaltung: Atelier Ingrid Schütz, München
Printed in Germany 1987
Satz: Schaber, Wels
Druck: Ebner Ulm

ISBN 3-453-40348-7

Inhalt

I KÖRNER

Vorwort	12
Einleitung	14
Körner in der Kulturgeschichte	16
Körner und Samen	18
Saatzucht, kritisch betrachtet	19
Gesundheit durch Körner und Samen	20
Gedanken zur Küche der Körner, Hülsenfrüchte und Samen	21
Zusammenfassung	22
Die Inhaltsstoffe der Körner und Keime	24
Die wichtigsten Vitamine, Mineralien und Spurenelemente	24
Das Getreide	28
Getreide – allgemeine Hinweise	28
Buchweizen	33
Kochen mit Buchweizen	34
Gerste	37
Kochen mit Gerste	38
Hafer	41
Kochen mit Hafer	43
Hirse	45
Kochen mit Hirse	46
Mais	49
Kochen mit Mais	50
Reis	53
Reis – Grundrezept	56
Roggen	59
Kochen mit Roggen	60

Weizen	63
Kochen mit Weizen	64
Hülsenfrüchte	66
Hülsenfrüchte – allgemeine Grundregeln	66
Bohnen	69
Die Azukibohne	73
Die gelbe Sojabohne	75
Die grüne Sojabohne (Mungobohne)	81
Erbsen	83
Kichererbsen	85
Die Linse	89
Gewürzsamen	92
Der Anis	92
Der Fenchel	94
Der Kümmel	97
Der Kümmel in der Küche	97
Der Senf	99
Das Senfkorn in der Küche	99
Nüsse und Ölfrüchte	100
Der Leinsamen	100
Der Leinsamen in der Küche	102
Die süße Mandel	103
Die Mandel in der Küche	105
Der Sesam	107
Der Sesam in der Küche	108
Der Sonnenblumenkern	111
Sonnenblumenkerne in der Küche	112

II KEIMLINGE

Vorwort	114
Einleitung	116
Sprossen in der Medizin Chinas	116
Sprossen für unsere Gesundheit	117
Keimprozeß	118
Sprossen verändern unser Bewußtsein	120

Warum Sprossen – Am Beispiel der Energie 122
Warum Sprossen – Am Beispiel ihres Geschmacks ... 123
Warum Sprossen – Ein Beispiel für Sparsamkeit 124
Warum Sprossen – Zum Beispiel Schlankmacher 125
Zusammenfassung 125

Allgemeine Erläuterungen zur Sprossenzucht 127
   Samen für die Sprossenzucht 127
   Geräte für die Sprossenzucht 128
   Die Bedeutung des Lichts in der Sprossenzucht 129
   Die Biochemie der Sprossen (mit Tabellen) 129
   Sprossenfamilien 133

Die Praxis der Sprossenzucht (Kurzform) 135
   Ursachen, warum Samen nicht keimen 136
   Das Wasser in der Sprossenzucht 137

Die Sprossenzucht am Beispiel der Mungobohne 138
   Die Ernte 142
   Kochen mit Sprossen 143
   Geräte für die Sprossenküche 144

Die Kleinen Samen 145
   Die Luzernensprosse 145
   Der Senfkeim 150
   Senfsprossen in der Küche 150
   Das Senfpflänzchen 155
   Kochen mit Senfpflänzchen 155
   Die Sesamsprosse 157
   Kochen mit Sesamsprossen 158
   Die Hirsesprosse 159
   Hirsesprossen in der Küche 159
   Rettichsprossen 161
   Die Rettichsprosse als Würze in der Küche 162
   Bockshornklee 163
   Kochen mit der Bockshornkleesprosse 164

Getreide- und Sonnenblumenkernsprossen 166
   Weizensprossen 166
   Kochen mit Weizensprossen 167
   Gerstensprossen 172

Kochen mit Gerstensprossen 173
Hafersprossen 175
Kochen mit Haferkeimen 176
Roggensprossen 177
Kochen mit Roggensprossen 178
Der Reis 180
Kochen mit Reiskeimen 180
Sprossen aus geschälten Sonnenblumenkernen 182
Sonnenblumenkernsprossen in der Küche 182

Sprossen aus »weichen« Hülsenfrüchten 185
Die grüne Sojasprosse 185
Kochen mit grünen Sojasprossen 187
Linsensprossen 190
Kochen mit Linsensprossen 190

Sprossen von »harten« Hülsenfrüchten 195
Kichererbsensprossen 195
Kochen mit Kichererbsensprossen 196
Erbsensprossen 198
Kochen mit Erbsensprossen 198
Die gelbe Sojabohnensprosse 201
Kochen mit gelben Sojasprossen 202

Schleimbildende Samen 206
Die Gartenkresse 206
Die Kresse in der Küche 206
Der Leinsamenkeim 209
Der Leinsamenkeim in der Küche 209
Das Leinsamenpflänzchen 210
Das Leinsamenpflänzchen in der Küche 210

Samen mit unverdaulichen Hülsen 212
Buchweizensprossen 212
Buchweizensprossen in der Küche 213
Die Kürbissprosse 214
Kürbissprossen in der Küche 214
Mandelsprossen 215
Kochen mit Mandelsprossen 215

Verschiedene Samen in einem Glas zu Sprossen züchten 218

Quellennachweis 220

Alphabetisches Register 222

Im Buch vorkommende Zutaten, wie Kombu (Alge), Tamari- oder Sojasauce, Tofu (Sojabohnenquark), Shiitake (chinesische Pilze) sowie andere Sojaerzeugnisse sind in Reformhäusern, asiatischen Spezialgeschäften oder auch in den Lebensmittelabteilungen der großen Kaufhäuser erhältlich.

Die Mengenangaben in den Rezepten beziehen sich auf 4 Personen.

Abkürzungen:

EL   Eßlöffel
TL   Teelöffel
Msp Messerspitze

I
Körner

Vorwort

Gegen alle Fatalisten und Schwarzseher, trotz erschreckender Befunde in Wasser, Muttermilch, Fleisch und Gemüse, wage ich ein neues Kochbuch.
Hier ist es – das »Buch der Körner und Keime«, voller alter und wieder neuentdeckter Köstlichkeiten.
Ich will nichts beschönigen – wir alle haben Angst. Begreiflich, wenn Gift auf der Zunge zergeht, wenn wir nicht mehr trennen können zwischen dem, was natürlich aussieht, und dem, was natürlich ist.
Seit Jahrtausenden waren Getreide und Hülsenfrüchte *die* Ernährungsgrundlage der meisten Kulturen, und seit Jahrtausenden leben die Chinesen mit der »Sprossenmedizin«. Es gilt, die Körner neu zu entdecken und endlich unsere Vorurteile zu begraben. Es gilt, über Kontinente hinweg voneinander zu lernen.
Wir sind das Produkt der Dinge, mit denen wir unseren Körper und Geist nähren. Rudolf Steiner hat es in seinen Vorträgen auf folgende Kurzformel gebracht: »Du bist, was du ißt!« Seien wir Optimisten und kämpfen wir dynamisch für unsere Biologie!

»Wenn es die klügste Handlungsweise der Menschen war, mit den Urgetreiden aus Wildgräsern eine kulturelle Lebensgemeinschaft einzugehen, dann ist es höchste Zeit, die leichtfertige Unterbrechung dieser gegenseitigen Abhängigkeit rückgängig zu machen und, wo es nur irgend möglich ist, zu vollwertigen Getreideprodukten und daraus hergestellten Gerichten wieder überzugehen. Die moderne Technik und das Transportwesen erlauben es uns, nicht nur optimale Ernten zu gewinnen, sondern sie auch so zu behandeln, daß die Getreide ihren möglichst vollen Naturwert behalten, und daß aus diesen Früchten des Feldes Lebensmittel und Gerichte hergestellt werden können, die zur Grundlage einer gesunden Ernährung für große Bevölkerungskreise werden können.«

Prof. Dr. W. Kollath

Einleitung

Wie die Ameise Bauer wurde!

Es war ein friedvoller Herbsttag. Die Sonne stand schon tief am Himmel, doch schickte sie noch unerwartet glühende Strahlen über das abgeerntete Feld.
Eine Ameise, die Eintracht der Stunde mißachtend, schleppte sich, mit einem Weizenkorn bepackt, durch die unwegsamen Furchen des Feldes auf dem Weg nach Hause. Die Schwere des Korns lastete auf ihr, übertraf es doch das Eigengewicht der Ameise um ein Beträchtliches.
Da geschah es, daß die Ameise stolperte und das Korn von ihrem Rücken rutschte. Das Weizenkorn atmete auf! Hatte ihm doch bis jetzt der Atem gestockt, wohlwissend, Beute zu sein und dem sofortigen Verzehr nicht mehr entrinnen zu können. Seine Todesangst verflog so schnell, wie es vom Rücken gesaust war, und aus diesem erlösenden Gefühl wurde es von einer herrlichen Idee durchdrungen. »Hör zu, liebe Ameise«, sagte es, »ich bitte dich von ganzem Herzen, laß mich noch ein Jahr leben!« Die Ameise streckte sich, erleichtert, von der schweren Last befreit zu sein. »Wenn du mich hier eingräbst«, sprach es weiter, »und wartest, bis das Jahr vergangen ist, werde ich dir an dieser Stelle hundertfach dienen.«
Die Ameise zauderte, aber je mehr sie den Vorschlag prüfte, desto besser gefiel er ihr, und während sie sich so in Gedanken wog, begannen ihre Beinchen schon instinktiv ein Loch auszuheben. So nahm sie denn das Korn, umschlang es und versenkte es – auf daß die Jahreszeiten über das Feld gehen und das Korn zu hundertfachem Leben erwecken mögen.
Mehr als ein Körnchen Wahrheit ...

Nach Leonardo da Vinci

> »Die größte Umwälzung im Leben des Menschen auf Erden muß fraglos die Einführung des Kornanbaus gewesen sein. Die Idee, Korn anzubauen, zeugt von tausendmal mehr Genie, erfordert tausendmal mehr unbegreifliche Schöpferkraft der Fantasie und birgt in sich für die Geschichte des Menschengeistes tausendmal mehr Bedeutung, als irgendeine der gerühmten Erfindungen und Entdeckungen unserer Tage...«
>
> H. St. Chamberlain
(englischer Historiker, 1855–1927)

Körner in der Kulturgeschichte

Werfen wir einen Blick zurück! Welche Stationen durchlief der Mensch, bis er vom Jäger und Sammler, der sich von seiner Jagdbeute, von Wurzeln und Beeren ernährte, zur Eßkultur fand? Vor etwa 10 000 Jahren wurde er seßhaft. Die ältesten Funde weisen auf einen Getreideanbau im Gebiet des heutigen Syrien, Irak und Iran hin. Die guten klimatischen Bedingungen, verbunden mit der Fruchtbarkeit dieses Landes, begünstigten die ersten tastenden Schritte in Richtung auf die wohl größte Veränderung in der menschlichen Kulturgeschichte. Aus diesen noch primitiven, zaghaften ersten Erfahrungen entwickelten sich neue Lebensformen. Nicht nur das Verweilen an einem Ort, auch das in der Landwirtschaft erforderliche planmäßige Handeln, die Beobachtung der Natur, die Auswirkung ihrer Gesetzmäßigkeiten auf das Wachsen der Pflanzen, zwangen unsere Urahnen zu einem für uns heute unvorstellbaren Umdenken.

Schon damals wurde der Einfluß von Sonne und Mond auf das Wachstum und den Reifungsprozeß entdeckt und für die Landwirtschaft genutzt. Dabei wurden die ersten entscheidenden Beobachtungen von Frauen gemacht. Steht doch die Frau mit dem kosmisch-naturhaften Element Erde zyklisch in Verbindung.

Während die Männer jagten, um den Fleischbedarf zu decken, sammelten die Frauen Beeren und Samen von Gräsern, die jedoch nicht nur zum sofortigen Verbrauch, sondern auch für die Aussaat bestimmt waren. Dies alles geschah in unendlich kleinen Schritten und begründete das, was unsere heutige Kultur ausmacht. Der Weizen, das bevorzugte Getreide in jener Zeit, wird heute als »Samen der Zivilisation« angesehen.

Seit vielen tausend Jahren sind wir nun schon mit dem Getreide verbunden. Es ist die Grundlage unserer Existenz, und wir bilden eine Lebensgemeinschaft mit ihm. Ist es von daher nicht widernatürlich, daß der Getreideverbrauch in den letzten 150 Jahren ständig abnahm? Dazu kommt noch, daß dem Korn die Kleie weggemahlen wird; aber gerade in ihr lagern wichtige Ballaststoffe, Spurenelemente, Mineralien und Vitamine, die doch zu unserer Stärkung und Erhaltung so notwendig sind. Das verfeinerte weiße Mehl dagegen läßt uns »hungrig« und führt außerdem leicht zu Fettpolstern.

Wie im menschlichen Körper hat auch im Getreidekorn alles seine Funktion und wirkt aufeinander ein. Beim Mahlvorgang büßt das Getreide nicht nur seine Keimfähigkeit, seine »Vitalität« ein, sondern zugleich auch seine Fähigkeit, von unserem Organismus optimal aufgenommen zu werden.

Die Änderung unserer Eßgewohnheiten – der Verzicht auf vitalstoffreiche Nahrung aus Körnern, Hülsenfrüchten und Samen zugunsten denaturierter Industrienahrung – hat zu einer Menge von Zivilisationskrankheiten wie Karies, Arteriosklerose, Diabetes, Herzerkrankungen und insbesondere zur Degeneration von Magen und Darm geführt.

Körner und Samen

Aus einem winzigen Samen wächst ein Baum, prächtige Blüten, nährende Früchte, der sauerstoffspendende Wald!
Welch eine Kraft verbirgt sich unter der schützenden Schale des Samens?
Im Kern ruht der Keim; er ist das Leben. In ihm lagern die Gene für die spätere Gestalt und Farbe der Pflanze. Im Samen stecken Stoffe, die sein erstes Wachstum ermöglichen, bevor der Keimling sich aus der Erde und mit Hilfe der Photosynthese nährt.
Die Formen der Samen sind vielfältig. Flüchtig betrachtet scheinen sie alle gleich, doch dann entdecken wir ovale, eckige, flache, bauchige, rhombenartige Samenkörper mit schillernden Farben – vom frechen Violett bis zum unentschlossenen Rosa, vom erdigen Braun bis zum lebhaften Grün, von Schwarz bis Purpurrot. Und sie sind lebhaft gesprenkelt! Welche Geheimnisse komprimierter Lebenskraft! Ob klein oder groß – jeder Samen hat seine einmalige Signatur.
So auch die gigantische Seychellenpalmnuß. Sie kann trotz ihrer 20 Kilo lange Seereisen überstehen. Ihre Faserhülle trägt sie, bis sie, irgendwo angespült, ein neues Pflanzenleben beginnt. Wie staubartig klein ist dagegen das Orchideenkörnchen. Wir können es nur mit dem Vergrößerungsglas orten.
Ein Phänomen, wie aus dieser Samenspur eine große Blüte wächst! Seit alters her wußten wir um die im Samen ruhende Kraft. Samen waren nicht nur von jeher eine Medizin, sondern wurden als Leben schlechthin betrachtet. Samen sind die Stützen allen biologischen Wachsens – sie sind das Geheimnis des Lebens.
Von Ehrfurcht zeugen Getreidegaben in Gräbern. Sie waren nicht nur als Reiseproviant, sondern auch für den Anbau im jenseitigen Leben gedacht. In den frühen Hochkulturen waren Pflügen, Säen und Ernten sakrale Handlungen. Im Frühjahr weihte der Priester symbolisch mit einem vergoldeten Pflug die ersten Furchen und säte das Korn.
Von jeher wurde das Sprießen von Samen als Gleichnis für den Sieg des Lebens über den Tod angesehen. Im alten Testament heißt es ... »Ich habe euch alle Kräuter, die auf dieser Erde

wachsen und Samen tragen, gegeben, und jeder Strauch wird Samen tragen, damit diese euer Fleisch seien.« (Genesis 1, 29). Fleisch ist hier als Pflanze und Frucht zu verstehen. War nicht jedes Fleisch vorher Samen oder Strauch?

Kalt und trocken gelagert, bewahren Samen ihre Keimkraft sehr lange. Forscher fanden in der Mandschurei in einem ausgetrockneten Flußbett Lotussamen. Sie schätzten das Alter auf 12000 Jahre – und der Samen war noch keimfähig!
Eine trockene Unterkühlung bringt den Stoffwechsel des Samens fast zum Stillstand und hält Essenzen für die Keimung am Leben. Die eingebetteten Vitalstoffe sind auch die für uns lebensnotwendigen Nährstoffe.
Selbst unter schlechten Bedingungen, etwa auf kargem Boden, werden die geernteten Körner immer noch von hohem Nährwert sein. Sie extrahieren aus ihrem Umraum Kräfte, damit sie das Bestmögliche für die Erhaltung ihrer Art gewährleisten.
Für Biologen ist das köstliche Fruchtfleisch nur schützende Hülle für den wichtigsten Teil der Pflanze, den Samen. Dabei werden heute widersinnige Anstrengungen unternommen, ausgerechnet diesen wichtigen Teil der Pflanze, den Samen, wegzuzüchten (z. B. bei Apfelsinen und Bananen).

Saatzucht, kritisch betrachtet

Einst verwehte der Wind die Samen, oder körnerfressende Tiere brachten sie an die verschiedensten Plätze. Saatzucht dagegen beginnt mit der Seßhaftigkeit des Menschen.
Heute sind wir durch die Gentechnik an einen extremen Punkt gelangt. Die Zucht zielt fast nur noch auf hohen Ertrag und die Widerstandskraft gegen Krankheiten, ebenso auf leichte maschinelle Bearbeitung, vor allem bei der Ernte.
Das Getreide fließt, von Menschenhand unberührt, über Mähdreschmaschinen in Lagerhäuser und Schiffsbäuche. Die Revolution in der Verbesserung der Saatguteigenschaften stand für den Sieg über den Hunger, wie die Erfindung der Schädlingsbekämpfungs- und Düngemittel. Die Überzüchtung der

Sorten führt zu einer beklagenswerten Uniformität – gleich der Uniformität, der wir auch in unserem Alltag ausgesetzt sind.
Die sogenannten »Landrassen«, vital und mit unterschiedlichen Genen, erbrachten früher keine Höchsterträge, aber sie waren über Jahrhunderte, Jahrtausende hinweg stabil: Sie hatten eine enorme Anpassungsfähigkeit an ihre Umwelt und, wie man heute nachweist, auch eine höhere Nahrungsqualität.
Die Uniformierung hat unser Getreide degeneriert und anfällig gemacht für völlig neue Krankheiten, die den Einsatz von Schädlingsbekämpfungsmitteln als bittere Konsequenz steigern. Samen müssen und werden in der Ernährung wieder eine größere Rolle spielen. Die wachsende Menschheit kann nur ernährt werden, wenn sie sich der Körner, der Früchte und der Samen erinnert und sie direkt nutzt, statt die in ihnen liegende Energie auf dem Umweg über produziertes Fleisch zu essen. (Zur Produktion von 1 kg Rindfleisch werden 16 kg Weizen und Soja verfüttert.)

Gesundheit durch Körner und Samen

Nur durch Körner und Samen können auch ernährungsbedingte Krankheiten reduziert werden. Es ist nicht nur bekannt, daß pflanzliche Nahrung weniger Pestizidrückstände hat als Fleisch, Samen liefern auch hochwertigere Proteine, essentielle Fettsäuren, Mineralien, Spurenelemente und Vitamine, biologisch einzigartig ausgeglichen, wie es unser Körper braucht. Wir essen heute zwar mehr Obst, aber wir brauchen auch mehr Vitalstoffe, da Streß und denaturierte Nahrung dem Körper mehr Vitamine abverlangen. Hinzu kommt, daß den Früchten und Gemüsen wegen der industriellen Behandlung (Zucht, Überdüngung, zu frühes Ernten, zu lange Lagerung) wertgebende Inhaltsstoffe verloren gehen.
Die für unsere Gesundheit wichtigen Vitalstoffe sollten wir möglichst aus Gemüsen, die aus biologischem Anbau stammen, oder aus

Körnern,
Hülsenfrüchten,
Samen, Nüssen und Sprossen
ziehen.
Die Nahrungsqualitäten unserer Gemüse und Früchte schützen auch gegen Krankheiten, erhalten unsere Erbanlagen und bauen der Degeneration vor. Aus anthroposophischer Sicht stärken die Inhaltsstoffe echter Nahrung die Sinne: sie verbessern Konzentration und Kreativität.

Gedanken zur Küche der Körner, Hülsenfrüchte und Samen

Immer heißt es: »Ach, Hülsenfrüchte, um Gottes willen, die machen Bauchweh, und Getreide – das liegt mir wie ein Stein im Magen.«

Unsere Darmtätigkeit ist durch die Industrienahrung besonders angegriffen, gehört doch die Verstopfung zu einer unserer klassischen Zivilisationskrankheiten.
Wenn wir zu einer Nahrungsumstellung kommen und vor allem den weißen Zucker fortlassen, wird sich unser Organismus schneller auf die neue Ernährungsweise einstellen können.
Zucker raubt dem Körper wichtige B-Vitamine. Die sind aber gerade unentbehrlich zur Umsetzung von Stärke. Lernen wir aus diesem Beispiel, daß alles seine Folgen hat, und versuchen wir, täglich ein wenig zu ändern – aus Liebe zu unserem Körper!

Vertrauen wir den Lehren der Vergangenheit!
Wir bleiben gesund, wenn Getreide und Hülsenfrüchte Basis unserer Ernährung sind, gemischt mit biologisch gezogenem Gemüse und natürlich gewachsenen Früchten unserer Landschaft sowie möglichst vielen Sprossen und Keimen – besonders im Winter.

Alle tierischen Produkte sollten sparsame Beilage sein. Das gilt auch für Vegetarier, in bezug auf Milchprodukte. Jeder erfährt nach und nach, was für seinen Körper die rechte Lebens- und Ernährungsweise ist.

> Dazu sagt der Ernährungswissenschaftler Waerland:
>
> *»Wir haben es nicht mit Krankheiten zu tun, sondern mit Fehlern in der Lebensführung. Beseitigt diese Fehler, und die Krankheiten werden verschwinden!«*

Zusammenfassung

I. Unsere tägliche Kost

Wir bleiben gesund, wenn wir sie durch folgende Lebensmittel bereichern (nach Dr. Bruker):

1. Körner und Vollkornbrot,
2. 3 EL Frischkornbrei (S. 64),
3. 1 Teller Rohkost (Gemüse, Salat, Sprossen, Obst), möglichst zwei unter der Erde (Wurzeln) gewachsene und zwei über der Erde (Blätter) gewachsene Teile,
4. Butter und kaltgeschlagene Öle.

Wir süßen mit naturbelassenem Honig oder Trockenfrüchten und aromatisieren mit frischen Kräutern, Gewürzsamen oder Sprossen.
So sparsam wie möglich salzen.

II. Wir schaden uns durch:

1. Auszugsmehle, wie Graubrot, Weißbrot usw.,
2. Zuckerarten, aus der Fabrik, wie:
   weißer und brauner Zucker, industrieller Trauben- oder Fruchtzucker, sowie alle Nahrungsmittel, die damit gesüßt

sind: Kuchen, Marmelade, Eis, Cola, Limonade, Schokolade, Bonbons usw.,
3. raffinierte Fette (sämtliche Margarinesorten und gewöhnliche Öle),
4. Obst- und Gemüsesäfte, die industriell hergestellt sind. (Magenempfindliche Menschen sollten auf selbstgepreßte Säfte verzichten, es sei denn, der Saft wird »gekaut«.)

Die Inhaltsstoffe der Körner und Keime

Die wichtigsten Vitamine, Mineralien und Spurenelemente

Die Vitalstoffe / Vitamine

Vitamin A: Eine ausreichende Menge stabilisiert unsere Abwehrkräfte, unterstützt unsere Sehkraft und fördert Aufbau und Wachstum unserer Knochen. Mangel an Vitamin A kann zur Blindheit führen. Wir finden dieses Vitamin in Körnern und Keimen.

Vitamin-B-Komplex:

Vitamin B_1 (Thiamin) ist wichtige Nervennahrung – ein bedeutender Bestandteil der Kleie des Getreidekorns und des Weizenkeims.

Vitamin B_2 (Riboflavin) fördert Stoffwechsel und Sehkraft. Riboflavin ist im Keim und in allen Getreiden enthalten.

Vitamin B_3 (Niacin): Mit Enzymen bewirkt Vitamin B_3 den Stoffwechsel von Fett, Kohlehydraten und Eiweiß und sorgt für die Funktionstüchtigkeit des Magen-Darmtraktes. Wir finden Niacin in Getreide, Hülsenfrüchten und Sprossen.

Vitamin B_{12} (Cobalamin): Zur Bildung der roten Blutkörperchen im Knochenmark und fürs Nervensystem. Vegetarier können sehr leicht einen Vitamin B_{12}-Mangel erleiden, wenn sie ihren täglichen Bedarf nicht durch Sojaprodukte oder Sprossen decken. Wir finden Cobalamin in gekeimten Sojabohnen, Linsen, Kicher- und grünen Erbsen.

Biotin: Der Fettstoffwechsel wird mit Hilfe des Biotins als Coenzym umgewandelt.

Vitamin C (Ascorbinsäure): Vitamin C ist für eine Fülle von Lebensvorgängen verantwortlich. Die Geschichte der Sprossen ist gekennzeichnet durch Heilerfolge gegen die lebensbedrohende Krankheit Skorbut, die durch Vitamin-C-Mangel ausgelöst wurde. Ascorbinsäure heilt Wunden schnell und vitalisiert den Körper. Ein Mangel führt u. a. zu Müdigkeit, Abwehrschwäche und Zahnfleischerkrankungen. Vitamin C kommt extrem stark in Luzernensprossen vor.

Vitamin D (Cholecalciferol): Wir finden es nur in wenigen Nahrungsmitteln, doch die vitalstoffreiche Luzerne ist ein Träger dieses Vitamins. Der Vitamin-D-Gehalt steigt besonders, wenn die Luzernensprossen für kurze Zeit der Sonne ausgesetzt werden.

Vitamin E (Tocopherol): Kein Vitamin verhindert vorzeitiges Altern so sehr wie Vitamin E. Es gibt keinen besseren Träger als Weizenkeime, die diesen Stoff, der als »Sexvitamin« bekannt ist, in unsere Nahrung fließen lassen. Auch Hülsenfrüchte und Nüsse enthalten Vitamin E.

Mineralstoffe und Spurenelemente

Calcium wird zum Zahn- und Knochenbau und zur Bewegung unserer Muskeln, besonders des Herzens, gebraucht.
Im Grün der Sprosse, aber auch in Nüssen und in den Randschichten des Getreides finden wir dieses wichtige Mineral.

Eisen begünstigt die Bildung von Hämoglobin, wie auch die Vitamine B_1, B_2 und C. Eisenmangel vermindert die Aktivität, da Sauerstoffzufuhr und -transport reduziert werden. Blässe und Störungen im Haut- und Haarbereich sind Anzeichen von Eisenmangel. Wir können unseren Bedarf durch Hülsenfrüchte und Getreide decken, aber in der assimilierbarsten Form finden wir Eisen in der Sprosse.

Fluor: Kein Stoff verhindert die Bildung der Karies wirksamer als Fluor. Fluormangel kann auch zu Arteriosklerose führen. Dieses essentielle Spurenelement finden wir in Getreide und in Sprossen.

Kalium: Für den Transport der Nährstoffe zwischen den Zellen und zur Kontraktion der Muskeln benötigen wir, neben Calcium und Magnesium, den essentiellen Mineralstoff Kalium. Die besten Quellen für dieses Element sind Hülsenfrüchte, Getreide, Nüsse und Sprossen.

Kupfer: Das Fehlen dieses Spurenelementes beeinträchtigt unsere Atmung und die Bildung von Hämoglobin. Hülsenfrüchte, Nüsse und Sprossen sind eine gute Kupferquelle.

Magnesium: Enzyme werden durch Magnesium mobilisiert und bewirken die Umsetzung von Fett, Kohlehydraten und Eiweiß. Mangel an Magnesium führt zu Muskelspasmen, Müdigkeit und Depressionen. Wir finden Magnesium in Körnern und Keimen.

Mangan: Als Bestandteil vieler Enzyme ist Mangan wichtig für den Stoffwechsel. Es wirkt am Knochenaufbau mit und ist in Nüssen, Getreiden, Hülsenfrüchten und Sprossen zu finden.

Phosphor: Wir benötigen Phosphor zum Erhalt der Zähne und des Knochengerüstes, außerdem zur Umsetzung von Fett und Fettsäuren. In allen Getreiden, besonders in der Gerste, in Hülsenfrüchten, Nüssen und Sprossen ist das Mineral enthalten.

Zink: Als essentielles Spurenelement ist Zink ein wichtiger Bestandteil der Haare, Augen und Nägel. Ein Mangel führt zu Appetitverlust und extreme Knappheit zur Anämie.

Enzyme

Enzyme sind Katalysatoren (Beschleuniger).
Sie regeln, steuern und beschleunigen den Stoffwechsel.
Enzyme sind sehr temperaturempfindlich. Nach einer Erhitzung von 50 Grad haben sie ihre Aktivität eingebüßt.
Getreide, Samen, Hülsenfrüchte und Sprossen decken schon in kleinen Mengen den täglichen Bedarf an

Vitaminen,
Spurenelementen,
Mineralien und Enzymen.

Der Mangel an diesen Stoffen führt zu den rapide ansteigenden Zivilisationskrankheiten.

Das Getreide

Wie viele Rezepte mag es auf unserer Welt geben, die vom Zubereiten des Korns erzählen?
Die früheste Art, Körner zu essen, war sicher, sie gleich aus den Ähren zu reiben und an Ort und Stelle wohlkauend zu verspeisen.
In ägyptischen Reliefs entdecken wir die verschiedensten Bearbeitungsmethoden. Da wurde gestampft, aber auch schon auf Steinen geschrotet und gemahlen.
Mit wenig Flüssigkeit gemischt ergab das den Getreidebrei, der lange Zeit Grundnahrung war; auf sonnenheißen Steinen trocknete er zu Brot und Fladen.
Gesäuertes Brot und dazu das Bier – aus der Gärung des Getreides – sind frühe Entdeckungen der erfinderischen ägyptischen Köche. Das Land war reich, und die überquellenden Kornkammern brachten Handel, Luxus und somit die Eßkultur.
Der Weg vom einfachen Fladen bis zum gesäuerten Brot, süßem Gewürzkuchen und feinem Gebäck konnte erst gelingen, nachdem die ersten Backöfen modelliert waren. Ja, sie wurden aus dem Schlamm des Nils geformt!
In der römischen Heeresverpflegung galten 750 g Getreide täglich als Pflichtration für die Legionäre. Die Zugabe von Fleisch betrachteten die Soldaten als Hungernahrung und Mangelkost! Jede Kohorte führte Getreidehandmühlen mit sich, und die Rationen wurden $\frac{1}{3}$ Brei zu $\frac{2}{3}$ Fladen verzehrt.

Getreide – allgemeine Hinweise

Getreide, Hülsenfrüchte und Samen werden in der Vor- und Zubereitung sehr ähnlich behandelt.

Kontrolle der Keimfähigkeit

Um die Qualität eines Samens zu überprüfen, können wir nach der alten Bauernregel eine Keimprobe ansetzen (s. 2. Teil). Nur ein keimender Samen hat die Lebendigkeit eines echten Lebensmittels.

Säubern

Die Körner werden im stehenden Wasser (nicht im Sieb!) gewaschen, damit Schmutzteile und leere Hülsen oben schwimmen. Manchmal muß die Saat verlesen werden – es ist unangenehm, auf einen Stein zu beißen.

Vorquellen – Einweichen

Zum besseren Aufschließen, zur leichteren Verdauung werden Körner in gefiltertem Wasser (s. Kapitel »Wasser«) eingeweicht, und zwar je nach ihrer Größe zwischen 4–10 Stunden, aber nie länger, da sonst der Keimprozeß zu schnell fortschreitet. Das Einweichwasser sollte etwa die 4fache Menge des Samens betragen. Schon nach kurzer Zeit beginnt im Samen die Umsetzung durch Enzyme. Die Vitalstoffe gelangen ins Einweichwasser, das damit kostbar wird; deshalb nie fortschütten!

Der Geschmack jedes Getreides kann durch Würzen des Einweichwassers verändert werden.

Pikantes Einweichwasser

1 l gefiltertes Wasser
1 Nelke
1 kleines Lorbeerblatt
½ TL Kümmel
1 kleine Zwiebel, geviertelt

Würziges Einweichwasser für exotische Getreidegerichte

1 l gefiltertes Wasser
1 Sternanis
1 Stückchen Zimtrinde
1 Stückchen Vanilleschote
2 Scheiben frischer Ingwer

Darren

Eine weitere Art, Getreide aufzuschließen, ist das Darren (Dörren). Geweichtes Getreide wird auf dem Backblech ausgebreitet und bis zu einer Stunde bei ca. 70 Grad getrocknet. Dabei die Körner ab und zu wenden. Gedarrtes Getreide gart schneller, ist leichter verdaulich, und die Körner sind besonders rösch.

Schroten

Jedes Korn kann in einer entsprechenden Mühle zerkleinert geschrotet werden; es ist extrem wichtig, Getreide immer frisch zu mahlen, damit luftempfindliche Bestandteile nicht an Wert verlieren.
Ich mahle mit Vorliebe *alle* Körner von Hand, weil die schnellen elektrischen Maschinen einen negativen Einfluß auf die »lebenden« Teile des Korns haben können. Es gibt jetzt erfreulicherweise Geräte mit geringerer Umdrehungszahl, die das Getreide schonender zerkleinern. Unübertroffen sind neuzeitliche Mühlen, deren echte Mahlsteine das Getreide auf natürliche Art zerkleinern. Fragen Sie im Reformhaus danach!

Kochen

Die Körner werden in kaltem Wasser aufgesetzt (Einweichwasser immer mitverwenden) und gekocht. Auf kleinster Flamme ca. 1 Stunde garen.
Die Wärme zum Garen des Getreides sollte so schwach wie möglich sein. Helfen wir uns mit der Vorstellung eines sonnendurchglühten Steins, denn der Koch-Garungs-Prozeß ist als letzte Ausreifung des Getreides zu betrachten.
Ich stelle den Kochtopf in eine Kochkiste oder lasse das Getreide, in Zeitungspapier und Wolldecken verpackt, nachquellen.

Sind Getreide schwer verdaulich? Sicher, das Korn verlangt dem Körper Kraft ab, doch wenn wir gut kauen und einspeicheln (eine Vorverdauung), gewöhnen wir uns schnell an die Körnerkost. Bei der Ernährungsumstellung beginnen wir mit leichtverdaulichem Reis, Hirse oder Buchweizen.

Würzen

Soweit ein Gewürz die Verdaulichkeit eines Gerichtes unterstützt, kann ich Ihnen eine bestimmte Geschmacksrichtung empfehlen. Doch probieren wir selbst aus, welches Gewürz

unser Getreide am besten ergänzt. Majoran, Basilikum, Liebstöckel, Dillsamen – erspüren wir, was uns bekommt und gleichzeitig schmeckt.
Zusätzlich frisch gehackte Kräuter in Schälchen auf den Tisch stellen!

Brot und Salz gehören zusammen, und das Salzen geschieht im besten Fall am Tisch. Es verbindet schon in feinster Dosierung alle Geschmacksanteile.

Was essen wir zum Getreide?

Gegartes Getreide läßt sich vollenden mit
>Milch, Eiern, Käse, Sprossen, Gemüsen, Salaten, Hülsenfrüchten und Obst
>(und wenn Sie das Bedürfnis haben, mit Fisch oder Fleisch).

Wer glaubt da schon, Körner seien nur Hühnerfutter?
Es gibt nichts Spannenderes in der heutigen Küche, als diese Wiederentdeckungen.

Geräte für die Körnerküche

1. Eine Getreidemühle.
2. Eine kleine Handmühle oder ein Mörser zum Mahlen der Würz- und Ölsamen.
3. Schüsseln und Siebe zum Waschen und Abtropfen der Körner.
4. Gute schwere Eisentöpfe und -pfannen. Sie können den Eisengehalt des Kochguts erhöhen.
5. Eine Kochkiste, die man leicht selbst anfertigen kann, indem man einen Holzkasten mit Styropor ausschlägt und mit einem Deckel verschließt.

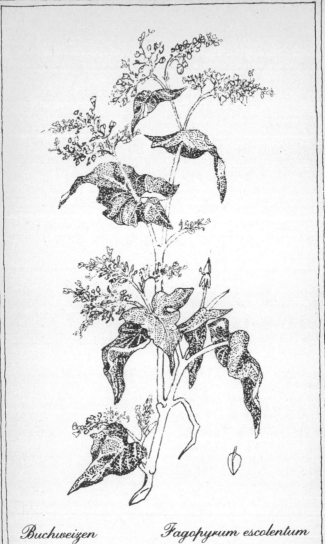

Buchweizen — *Fagopyrum escolentum*

Buchweizen *Fagopyrum esculentum*

Der Buchweizen gehört im Gegensatz zu unserem Getreide nicht zu den Gräsern, sondern zur Familie der Knöterichgewächse, wie auch Rhabarber und Sauerampfer.
Der dreikantige Samen erinnert an die schönen Bucheckern, und diese Ähnlichkeit war es wohl auch, die zu seinem Namen führte. Als der Buchweizen im 15. Jahrhundert in Deutschland bekannt wurde, hieß er noch Tatarenkorn; in Frankreich heißt er Sarrasin. Welche Geschichten ranken sich um diese Pflanze – woher kommt sie? Ganz sicher ist, daß der Buchweizen in Rußland und in slawischen Ländern von jeher Volkskost war. Buchweizen gedeiht bestens auf Sandböden. Es ist interessant zu wissen, daß der Ertrag des Buchweizens im Gegensatz zum Weizen nicht durch Chemie zu steigern ist. Das Blattwerk würde sich übermäßig entwickeln und der Samen verkümmern. Buchweizen enthält viel Phosphor und ist reich an Lysin, einer der wichtigsten Aminosäuren, die in Getreiden normalerweise kaum vorkommen.
Buchweizen, so sagt der Volksmund, ist ein besonders wärmendes Getreide. Er ist in der Tat aufbauend und schmeckt nach pikanten Nüssen. Menschen mit empfindlichen Verdauungsorganen und Kranke sollten Buchweizen zur Stärkung wählen.

Inhaltsstoffe

12% Protein, 2,7% Fett;
hoher Lysinanteil;
Phosphor, Kalium, Calcium, Kupfer, Magnesium, Eisen.

Kochen mit Buchweizen

Anmerkung: Buchweizen färbt beim Kochen das Wasser violett-rötlich und gibt Schleim ab. Es empfiehlt sich daher, die Körner kalt aufzusetzen und zweimal kurz mit jeweils frischem Wasser zur Läuterung abzukochen.

Buchweizengrütze-Grundrezept

250 g Buchweizen
ca. ½ l Wasser
eine Spur Meersalz

Wir geben dem geläuterten Buchweizen erneut Wasser zu und lassen ihn auf kleinster Flamme so lange kochen, bis alle Flüssigkeit aufgenommen ist.
Buchweizen hat einen eigenwilligen Geschmack. Erhalten wir ihn!

Variationen:
Wir mischen Buchweizen mit Rosinen und Dattelstückchen oder würzen auf norddeutsche Art mit Rübensirup und geben Sahne darüber.
Man kann Buchweizengrütze auch mit geschnetzeltem Gemüse ergänzen; lieblicher aber verbindet sich sein herber Geschmack mit Obst – versuchen wir es mit Apfel!

Buchweizenpfannkuchen

250 g Buchweizenmehl,
frisch gemahlen
½ l Mineralwasser, eiskalt
2 EL Sonnenblumenöl,
kaltgeschlagen
1. EL Sesamöl, kaltgeschlagen
Meersalz
(so wenig wie möglich)

Wir geben die Zutaten, mit dem Mehl beginnend, in eine Schüssel und verquirlen sie tüchtig. Nach einer Quellzeit von 45 Minuten können die kleinen Pfannkuchen ausgebacken werden.

In Rußland heißen sie Blinis und werden an hohen Festtagen mit einer Sauercreme zu Kaviar gegessen.
Aber: »Es muß nicht immer Kaviar sein« – denn man kann sie auch mit einer einfachen Füllung ergänzen.
Versuchen wir eine Kräuterquarkfüllung!

Füllung für Buchweizenpfannkuchen

125 g Butter
4 Sardellenfilets

2 TL Zitronensaft
frisch gemahlener Pfeffer

Aus allen Zutaten eine Paste bereiten und auf die heißen, duftenden Buchweizenpfannküchlein streichen. Das Wasser wird uns im Munde zusammenlaufen!

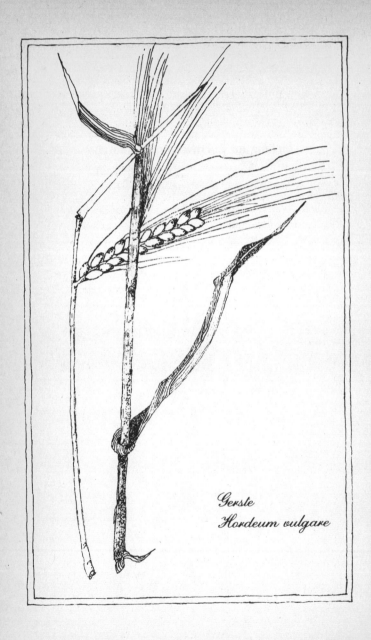

Gerste
Hordeum vulgare

Die Gerste   *Hordeum vulgare*

Die Gerste gehört neben dem Weizen zu den ältesten Getreiden. Da sie in tropischen Gebieten genauso gut gedeiht wie in Europa, wird sie fast überall in der Welt angebaut.
Ihre klimatische Anpassungsfähigkeit hat dazu geführt, daß die Gliederung der Ähren je nach Anbaugebiet unterschiedlich ist.

In allen Hochkulturen Mittelasiens, Ägyptens und Europas hat die Gerste einen großen Ruf als nahrhafte Kraftspeise. Doch ganz besonders in Griechenland wird sie erwähnt. Viele Funde bezeugen, daß sie bei kultischen Handlungen verwendet wurde. Steht sie doch hier als Zeichen für Kraft und männliche Potenz.
In den Gesängen der *Ilias* wird sie neben Wein und Ziegenkäse als heilig gepriesen.
Die alten Griechen stählten ihre Körper vor kriegerischen und sportlichen Auseinandersetzungen ausschließlich mit Gerstenbrei.
Kein Wunder – Gerste stärkt und wird trotzdem leicht aufgenommen. Ihre körperaufbauende Fähigkeit wird noch übertroffen von der kühlenden Wirkung, die einzigartig gegen Fieber hilft.
Für darmempfindliche Menschen ist Gerstenschleim ein ideales Frühstück. Er lindert und stärkt.

Inhaltsstoffe

10% Protein, 2,1% Fett, 72% Kohlehydrate;
Vitamine B_1, B_2, B_3 und eine Menge Vitamin E;
Eisen, Magnesium, Phosphor, Zink, Mangan, Kalium, Kieselsäure.

In angelsächsischen Ländern ist Gerstensud ein Volksheilmittel (Barley-water). Zur Magen- und Darmheilung, zur Beruhigung und Stärkung der Nerven, zur Unterstützung des Bindegewebes, bei Erkältungen und Grippe ist dieser Sud eine wahre Wundermedizin. So wird er bereitet:

Gerstensud

50 g Körner, geweicht   1 l Wasser

Wir lassen das Getreide im Wasser kurz aufkochen und 2 Stunden köcheln. Den Gerstensud nach Wahl mit Zimt, Nelke, Ingwer, Sternanis, mit Fruchtsäften, Honig oder Ahornsirup würzen.

Kochen mit Gerste

Gerste-Grundrezept

250 g Gerste,   Meersalz
5–10 Std. geweicht   (so wenig wie möglich)
¾ l Wasser

Die Gerste wird auf großer Flamme angekocht und auf kleinster Stufe bis zu einer Stunde gequollen. Nachziehen lassen und würzen.

Gerstenschleim

2–3 EL Gerstenkörner,   1 l Wasser
geweicht

½ Stunde sanft kochen und durch ein Sieb streichen.

Gersteneintopf

250 g Gerste
¾ l Wasser
2 EL Öl
2 Möhren, gewürfelt
½ Sellerieknolle, in feine Streifen geschnitten
frische Kräuter nach Wahl

Die Gerste wird nach dem Grundrezept vorbereitet. In einem Topf werden die Gemüse kurz angedünstet und die Gerste vorsichtig zugegeben. Wir streuen die Kräuter erst bei Tisch über das Gericht.

Gersten-Quarkauflauf

2 EL Sonnenblumenöl, kaltgepreßt
1 mittelgroße Zwiebel, feingeschnitten
1 Tasse Gerste, über Nacht geweicht
3 Tassen Gemüsebrühe
1 Tasse Quark
1 Tasse saure Sahne
Meersalz und frisch gemahlener Pfeffer nach Geschmack
1 EL frisch gehackte Petersilie

Ofen auf 175 Grad vorheizen! Das Öl in eine erwärmte Kasserolle geben und die Zwiebeln glasig dünsten. Dann rühren wir die Gerste ein und regulieren die Hitze so, daß die Körner mit den Zwiebeln bräunen. Mit der Gemüsebrühe ablöschen und die Gerste 35 Minuten köcheln lassen.
Sie wird mit dem Quark und den übrigen Zutaten vermischt und dann bei geschlossenem Deckel im Rohr etwa 30 Minuten gebacken.
Vor dem Servieren den Auflauf mit Petersilie bestreuen.

Seit Urzeiten wurde Brot aus Gerste gebacken. Es war die Hauptzutat, wenn Hebräer, Griechen und Römer buken.
Auch in Nord-Europa, ganz besonders in Schottland und Irland, war und ist sie das beliebteste Brotgetreide.
Hier ein biblisches Rezept! Versenken wir uns in die geschmackliche Welt unserer Vorfahren!

Ezechiel-Brot

½ Tasse Gerstenmehl
½ Tasse rote Linsen, gekocht und püriert
2½ EL Sojamehl
2½ EL Hirseschrot
1 TL Meersalz
2 Tassen sehr heißes Wasser
2 EL Olivenöl
½ Tasse lauwarmes Wasser
2 Päckchen Trockenhefe
½ Tasse Honig
2 Tassen Weizenschrot
5–6 Tassen Weizenmehl

Linsenpüree, Gerste, Soja, Hirseschrot und Salz werden in einer Schüssel mit dem Wasser übergossen und, nach dem Abkühlen, gut vermischt. Das Öl einarbeiten und abschmecken.
In einem kleinen Gefäß übergießen wir die Hefe mit dem warmen Wasser. Wenn sie nach ca. 5–10 Minuten Blasen wirft, alle Zutaten in einer großen Schüssel vermischen. Den Teig mit sanften gleichmäßigen Bewegungen kneten, bis er glatt und geschmeidig ist.
Zu einem großen Kloß geformt, wird er in einer gefetteten Schüssel zum Aufgehen an einen gleichmäßig warmen Ort gestellt. Wir bedecken die Schüssel mit einem Tuch und schützen den Teig vor Zugluft.
Bitte den Ofen auf 175 Grad vorheizen!
Nach ca. 45 Minuten den Teig noch einmal durchkneten und erneut aufgehen lassen. Nach 15 Minuten teilen wir den Kloß in zwei Teile und lassen ihn nochmals 1 Stunde gehen.
Zwei Brotlaibe formen und auf ein gefettetes Backblech legen. Mit dem Messer Muster in die Brotrücken ritzen und das Blech in die Röhre schieben. Nach einer Stunde prüfen wir mit einem Holzstäbchen, ob die Brotlaibe durchgebacken sind.
Das Ezechiel-Brot muß sanft auskühlen. Lagern wir es luftig und trocken, so gewinnt es an Geschmack und Reife. Es wird dann auch bekömmlicher.

Backen wir dieses urige Brot, wenn wir zur Hauseinweihung geladen sind. Es wird Segen bringen. Die Prise Salz nicht vergessen – sie bringt zum Segen auch Genuß!

Der Hafer *Avena sativa*

So unverkennbar wie der Reis zu Asien, gehört der Hafer in die europäische Landschaft. Der Hafer liebt besonders das nordische Klima, er ist winterhart und gedeiht bis zum Polarkreis. Bis ins 18. Jahrhundert war Haferbrei die Ernährungsgrundlage für die sogenannten unteren Schichten, bis die Kartoffel ihn ablöste.

Doch unsere Pferde profitieren noch heute vom Hafer! »Ihn sticht der Hafer« ist ein treffendes Wort – darum muß der Bauer diese Kraftnahrung wohldosieren!

»Ihn sticht der Hafer«, übertragen auf uns, ist ein Synonym für cholerisches Temperament.

Im Gegensatz zu Roggen und Weizen trägt der Hafer seine Früchte an beweglichen Rispen: Die Haferkörner sind fest mit Spelzen umschlossen. Bevor man den sogenannten Nackthafer gezüchtet hat, mußten die Spelzen fortgemahlen werden, weil sie unverdaulich sind.

Inhaltsstoffe

Der Hafer ist das Getreide mit den höchsten Anteilen an Protein (14 %) und Fett (7,5 %);
Vitamin A, B_1, B_2, B_3, C und sehr viel E;
Phosphor, Eisen, Kupfer, Fluor, Zink, Magnesium, Calcium. Das Jod im Hafer mag die geheimnisvolle Kraft dieses Getreides erklären, ist doch Jod lebenswichtig für die Funktion der Schilddrüse.

Hafer schafft Energie. Er ist das wärmende Getreide bei Frost und Kälte. Haferbrei lindert bei allen Magen- und Darmschwächen, er fördert die Verdauung. Kompressen aus Haferbrei lassen Abszesse und Schwellungen abklingen.

Hafer — Avena sativa

Kochen mit Hafer

Hafer-Grundrezept

250 g Hafer, geweicht
ca. ½ l Wasser

Meersalz
(so wenig wie möglich)
1 EL Butter

Der Hafer wird im Einweichwasser aufgesetzt und 1½ Stunden auf kleinster Flamme geköchelt. Vor dem Nachquellen würzen und die Butter zugeben.
Zum Hafer passen alle frisch gehackten Kräuter, aber auch Fenchelsamen, Thymian und Koriander.
Wollen wir den Hafer süßen, damit er uns an unsere Haferflockensuppe erinnert, so würzen wir ihn mit Honig oder Trockenfrüchten und übergießen den Brei mit kalter Sahne.

Haferauflauf

200 g Hafer, gekocht
1 Stange Porree, in feine
Scheiben geschnitten
½ kleine Sellerieknolle,
geraspelt
1 EL Butter

2 Boskopäpfel, geraspelt
1 Tasse süße Sahne
Meersalz
(so wenig wie möglich)
gehackte Petersilie zum
Bestreuen

Bitte den Ofen auf 170 Grad vorheizen!
In einer Kasserolle die Butter auslassen und die beiden Gemüse kurz andünsten. Dann mischen wir alle Zutaten und füllen sie in eine gefettete Form.
Bei geschlossenem Deckel wird der Auflauf 20 Minuten gebacken und vor dem Servieren mit der frischen Petersilie bestreut.
Einen trockenen Auflauf mit gewürztem Joghurt essen.

Hirse — Panticum miliaceum

Die Hirse *Panticum miliaceum*

Seit prähistorischen Zeiten wird Hirse angebaut, und es gibt *keine* Getreideart, die einen so ausgewogenen Vitalstoffanteil stellt, wie dieses kleine Korn.
Hirse kann sich in nur hundert Tagen schon zur Reife entwickeln, wenn die Sonne sie wärmt und ihr Kraft schenkt.
Die Inhaltsstoffe, vor allem Fluor, zieht die Pflanze durch ihre starken Wurzeln selbst aus kärgstem Boden. Kein Mineral kräftigt unsere Haut, Haare und Nägel so gut wie Fluor.

Inhaltsstoffe

71% Kohlehydrate, 10% Protein;
alle 10 essentiellen Aminosäuren, 3,9% Fett;
Alle wichtigen B-Vitamine, sowie A, C und E;
Kalium, Natrium, Calcium, Kupfer, Magnesium, Eisen, Phosphor und Fluor.

Die leichtverdauliche Hirse ist nicht nur gesund, sie ist auch von großer Heilkraft bei Nieren- und Blasenentzündungen. Der Hirsesamen entwässert und heilt wie der Gerstensud, den Magen- und Darmtrakt.

Kochen mit Hirse

»Töpfchen koche, Töpfchen steh' ...« das war die wichtigste Formel im Märchen vom süßen Hirsebrei.
Es war einmal ein armes Mädchen, das lebte allein mit seiner Mutter und hatte nicht satt zu essen. Das Mädchen suchte Wurzeln im Wald. Da begegnete ihm eine liebe Frau, die die Not des Kindes sah. Sie schenkte ihm ein Töpfchen.
Sagte das Mädchen »Töpfchen koche«, dann füllte sich das Gefäß mit Hirsebrei, so wie er hier beschrieben steht:

Hirsebrei-Grundrezept

250 g Hirsekörner, nicht vorgequollen
1 l Wasser
Meersalz
(so wenig wie möglich)

1–2 EL Butter
2 Eigelb
2 Eiweiß, geschlagen
1 EL Honig

Die gewaschene Hirse wird in ½ l Wasser angekocht, nach 10 Minuten wird das fehlende Wasser aufgegossen und für ca. 30 Minuten auf kleinster Flamme geköchelt. In der Kochkiste oder an einem anderen warmen Ort die Hirse nachziehen lassen aber vorher mit Butter und Salz würzen.
Das Eigelb, der Honig und der Eischnee verfeinern den Hirsebrei aufs köstlichste. Alles sanft unterziehen.
Im Märchen schmeckt der Hirsebrei *noch* besser, und das nicht nur, weil das Mädchen hungrig war ...

Hirse, körnig

250 g Hirse
½ l Wasser

Meersalz
(so wenig wie möglich)
2 EL Butter

Die gewaschene Hirse darren und im Wasser kurz aufwallen lassen. Die Hitze reduzieren und auf kleinster Flamme 20 Minuten köcheln. Salz und Butter hinzugeben und die Hirse, abgedeckt mit einem dicken Frotteetuch, welches die Feuchtigkeit aufnimmt, 40 Minuten ausquellen lassen.
(Eine Drahtauflage kann die Flammenhitze mildern).

Aus Hirse lassen sich Bratlinge formen, oder man gibt die Hirse in eine gefettete Ringform, die nach dem Backen wiederum mit gedünstetem Gemüse gefüllt wird.
Und denken wir immer daran: Hirse hilft unserer Haut mehr als jede Creme und stärkt die Sehkraft.

Der Mais Zea mays

Als Columbus 1492 Amerika entdeckte, fand er den Mais. Und wenn auch heute Ströme von Weizen aus den USA fließen, so bestimmen immer noch die Maisfelder ihre weiten Landschaften.

Inkas, Azteken und Mayas erklärten den Mais zu ihrem Getreide, und es heißt, sie verdankten diesem »Sonnenkorn« ihre Kultur. Im Vergleich zu unseren kleinen, zarten Getreidekörnern ist der Mais kaum als Getreide zu erkennen, doch gehört er botanisch zu seiner Gruppe. Gemahlener Mais findet seit langer Zeit in der europäischen Küche Verwendung. Schonend gemahlen bewahrt er die ihm eigene Vitalität.

Die Landarbeiter aus Piemont wählten das Maismehl zu ihrer Hauptnahrung und nannten es Polenta. Der süßliche Mais spendet dem Körper durch seinen Zuckeranteil leicht aufzunehmende Kohlehydrate, was schnell assimilierbare Energie bedeutet.

Die Maispflanze wird ihren Inhaltsstoffen nach sehr unterschiedlich eingeordnet. Das liegt an den vielen verschiedenen Sorten und an der Abhängigkeit der Pflanze von Wärme und Niederschlagsmenge.

Inhaltsstoffe

Mais hat 71% Stärke und nur 9,5% Protein bei 3,8% Fett; ein Drittel besteht aus ungesättigten Fettsäuren;
Vitamine: A, B_1, B_2, B_3 und viel Vitamin E;
Eisen, Phosphor, Mangan, Zink, Calcium, Magnesium.

Kochen mit Mais

Maisfladen

250 g Maiskörner,
mindestens 12 Stunden
geweicht
½ l Wasser

Meersalz
(so wenig wie möglich)
1 Prise Cayennepfeffer
2 EL Öl, kaltgeschlagen

Der eingeweichte Mais wird auf kleinster Flamme gar gekocht. Das dauert je nach Sorte 2–3 Stunden. Die ausgekühlten Körner werden durch den Fleischwolf gedreht und gewürzt.
Diese Paste kann nun ausgerollt (eventuell etwas Mehl überstäuben), und in der Pfanne oder auf dem Backblech zu Fladen gebacken werden.

Variation:
Der Maisfladen kann mit Scheiben aus gedünstetem Gemüse, mit Früchten belegt, oder mit Käse überbacken werden. Wie auch immer – jede Zutat verleiht die Süße des Fladens Nachdruck.

Maisgemüse

Es ist schwierig, zarten Gemüsemais auf dem Markt zu entdecken. Doch wenn wir ihn finden; zeichnet er sich durch seine strahlende gelbgrüne Farbe aus, und er schmeckt wie türkischer Honig ...
Wir schneiden den Stengel am Kolbenansatz ab und entfernen die Außenblätter; die inneren weißen Blätter werden mitgekocht, und zwar in einem Sud aus:

2 l Wasser
½ l Milch
2 EL Butter

Zitronenschale
4 Stangen Mais

Wir lassen den Sud aufkochen und geben den Mais hinein. Nach ca. 10 Minuten ist das Gemüse gegart.

Welch ein Vergnügen, die Kolben abzuknabbern!
Man kann sie sanft salzen und mit wenig Zitronensaft beträufeln.

Anmerkung:
Niemals Futtermais mit Speisemais verwechseln!

Maisbrot aus der Form

1½ Tassen Mais
1 Tasse Maismehl
2 Eier, verquirlt
2 EL Olivenöl
Meersalz
(so wenig wie möglich)

3 EL Sahne
½ Tasse geriebener Parmesan
3 EL frisch gehackter Dill

Die Zutaten in einer Schüssel verrühren und ausquellen lassen.
Den Ofen auf 175 Grad vorheizen.
Die Masse in eine gefettete feuerfeste Form gießen und ca. 45 Minuten im Ofen backen.
Wir servieren das Brot heiß und garnieren es vorher mit dem frischen Dill. Ein Klacks kühle Crème fraîche auf dem heißen Brot ist ein Genuß!

Polenta

250 g Maisgrieß
1 l Wasser

Meersalz
(so wenig wie möglich)
2 EL Olivenöl, kaltgeschlagen

Ofen auf 150 Grad vorheizen.
Wir vermischen den Grieß mit dem lauwarmen Wasser und geben Butter und Salz hinzu.
Die Polenta soll im geschlossenen Topf sanft in der Röhre garen und bei ausgeschalteter Hitze 20 Minuten nachquellen.

Soll die Polenta auf der Flamme bereitet werden, streut man sie ins kochende Wasser und rührt so lange, bis sie gar ist – ca. 20 Minuten. Sicher bringt dieser Aufwand dem Feinschmecker eine besonders duftige Polentacreme. Sie läßt sich mit frischen Kräutern würzen, und auch geriebener Käse verbindet sich bestens mit der Polenta.

Anmerkung:
Mais wird mit der Mangelerkrankung Pellagra in Verbindung gebracht. Das soll uns aber nicht hindern, den guten Mais und auch das wertvolle Öl mit seinem hohen Vitamin-E-Anteil in unserer Küche zu nutzen. Die Pellagra ist eine Folge von einseitiger Maisernährung.

Der Reis *Oryza sativa*

Vor 3000 Jahren wurde in Indien mit der Züchtung von Reis begonnen, und seither ist er das Hauptnahrungsmittel der Asiaten. Die Reispflanze entwickelt sich im Wasser, und mit ihren Rispen erinnert sie an Hafer. Das Verhältnis von Saatgutmenge zum Ertrag ist bei Reis sehr hoch; es heißt, daß er sich tausendfach vervielfältigt.
Reis gilt als heilige Pflanze, und im Sanskrit wird er als »Erhalter der Menschheit« dargestellt. Immer wenn Kriege, Unwetter und Mißernten die Asiaten in Not brachten, galt eine Handvoll Reis als Existenzminimum. Dieses kleine Maß schafft Kraft und Energie. Der reisessende Asiate ist bekannt für seine Langlebigkeit bei bester Gesundheit.
Doch seit der Reis geschält wird, um ihn besser lagern zu können, fehlen ihm wichtige Inhaltsstoffe, vor allem das im Silberhäutchen lagernde Vitamin B_1.
So entstand die Mangelkrankheit Beriberi, die ein solches Ausmaß annahm, daß die fernöstliche Vereinigung für Tropenmedizin vorschlug, den Verzehr von weißem Reis zu verbieten. Dieser Vorschlag blieb erfolglos. Doch führte er zur Entdeckung einer neuen Behandlungsmethode des Reises zum Schutze der B-Vitamine. Dieser Prozeß geschieht unter Druck mit kochendem Wasser und preßt die Vitamine in den Stärkeanteil des Korns. »Parboiled Rice«, der englische Name, hat sich auch bei uns eingebürgert.

Obwohl der Reis abhängig ist von der Ausgewogenheit zwischen Wasser und Wärme und sehr viel Pflege und Sorgfalt beansprucht, ist es gelungen, ihn auf biologisch-dynamische Weise in der Poebene anzubauen.
Reis ist das leicht verdaulichste Getreide, und jeder, der von der Kraft der Getreide profitieren möchte, kann seine Ernährungsumstellung ohne jede Darmgewöhnung mit Reis beginnen.
Das Eiweiß im Reis lagert nicht nur in den Randschichten, es durchdringt den ganzen Mehlkörper. Reis enthält extrem wenig Natrium, ein Element, welches das Wasser im Gewebe bindet. Wer abnehmen möchte und trotzdem bestens ernährt

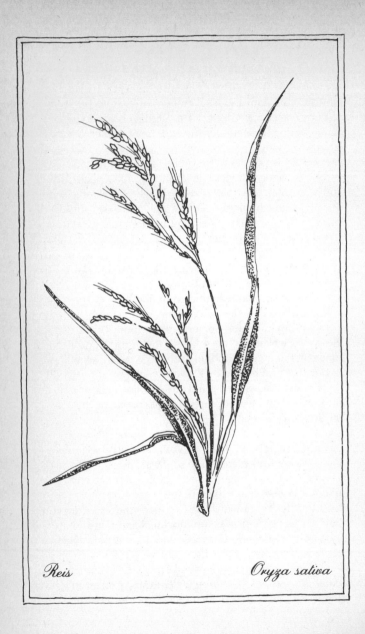

Reis Oryza sativa

sein will, der esse Reis. Die chemische Zusammensetzung des Reiskorns begünstigt die Flüssigkeitsausscheidung. Verglichen mit unseren Getreiden ist der Reis außergewöhnlich. Kein anderes Korn besitzt ein solches Gleichgewicht von Kalium und Natrium.

Reis ist ein bedeutsames Beispiel dafür, wie sehr ein Grundnahrungsmittel – über Jahrtausende gegessen – Körper, Seele – Kultur und Religion prägen kann.

Inhaltsstoffe

8 % Protein, 2,2 % Fett, 75 % Kohlehydrate;
Vitamin B_1, B_2, B_6 und das Provitamin A;
Kalium, Eisen, Magnesium, Phosphor, Calcium.

Reis-Grundrezept

250 g Reis, gequollen   *½ l Wasser*

Der Reis wird kurz aufgekocht und das Wasser abgeschüttet. Erneut den Reis in ½ l Wasser geben und zum Kochen bringen, die Flamme bis zur kleinsten Stufe drosseln und, ohne den Deckel zu heben, 45 Minuten ziehen lassen.

Ein altes chinesisches Sprichwort beschreibt, welche Sorgfalt beim Waschen des Reises walten soll:

> »Denkt an den Reistopf wie an euren eigenen Kopf und glaubt, daß das Waschwasser für den Reis euer eigenes Leben ist.«

Variation:
Der Reis wird kurz aufgekocht, gut abgetropft und anschließend in

2 EL Öl   *in feine Würfel geschnitten*
1 Zwiebel,

ausgedünstet und in Wasser gegart.

Da Reis proteinarm ist, läßt er sich wundervoll mit Hülsenfrüchten ergänzen – mit Linsen und Azukibohnen schmeckt er ganz besonders.

Zur geschmacklichen Veränderung des milden Reises läßt sich das Kochwasser mit folgenden Zutaten würzen:

Ein Kräutersträußchen aus Thymian, Sellerie, Möhre und Lorbeerblatt,
eine gespickte Zwiebel mit Nelke,
eine kleine Portion Algen, wie Hiziki, Kombu oder Nori,
einige getrocknete Pilze
oder getrocknete Früchte.

Durch die Kriegszüge Alexanders des Großen wurde der Reis schon sehr früh in den Westen gebracht und auch angebaut.

Der bekömmliche Reis hat in der ganzen Welt eine unerschöpfliche Anzahl von Rezepten kreiert.
Wie pikant schmeckt eine spanische Paella mit Safran, ein türkischer Pilaw, ein indischer Reiscurry oder ein Risotto alla Milanese. Reis ist eine harmonische Beilage zu einer Vielzahl von Gerichten.

Und vergessen wir nicht den »Süßen« aus Rundkornreis!
»Nachts kannst du mich wecken« so locken die Liebhaber des süßen Reises – Zucker und Zimt, ein Löffelchen Schmant – mit Liebe gekocht. Ein Traum aus Kindertagen!

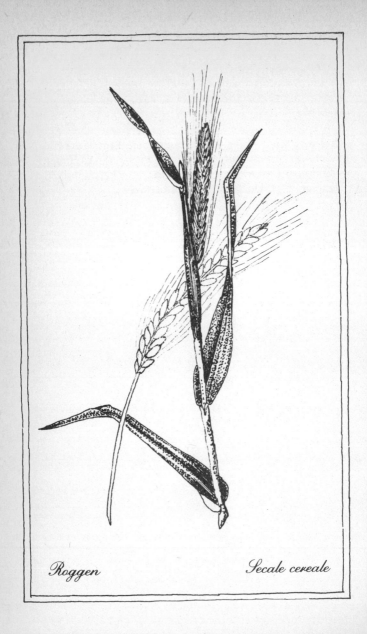

Roggen — Secale cereale

Der Roggen   *Secale cereale*

Wie unser Hafer war auch Roggen ein Wildgras aus Kleinasien. In unserem Land schuf er das dunkle Brot. Die Römer nannten es die Roggenspeise der Barbaren. Im Verzehr von Roggen lag eine Abgrenzung zu den Nachbarn, die helles Weizenbrot bevorzugen.

Roggen wächst auf anspruchslosem Boden bis in die kältesten Regionen der Erde. Er wird hauptsächlich als Wintergetreide bestellt. Im September ausgesät, sammelt er bis zum August im Kreislauf des Jahres seine Kräfte. Wenn der Roggen ausschlägt, zeigen seine Sprößlinge eine rosa Färbung – im Gegensatz zu den gelblichgrün wachsenden Schößlingen anderer Getreide. Er treibt seine Wurzeln sehr tief, um Mineralien aufzunehmen, und lockert dabei den Boden auf.

Inhaltsstoffe

12 % Protein, 1,6 % Fett;
Vitamin B_1, B_2, B_3 und E;
Magnesium, Phosphor, Eisen, Fluor und besonders Kalium.

Kochen mit Roggen

Roggen-Grundrezept

250 g Roggen, gequollen
1 l Einweichwasser

Meersalz
(so wenig wie möglich)
2 EL Butter

Der Roggen wird in kaltem Wasser aufgesetzt und kurz zum Kochen gebracht. Das erste Wasser abgießen und den Roggen anschließend, diesmal im Einweichwasser, wieder aufsetzen und erneut zum Kochen bringen. Dann die Hitze reduzieren und das Getreide auf kleinster Flamme mindestens eine Stunde köcheln.
Wir würzen den Roggen, geben die Butter hinzu und lassen ca. 30 Minuten bei gleichmäßiger Wärme nachquellen.

Roggenauflauf

500 g Roggenkörner, gegart
2 EL Butter
1 große Zwiebel, fein gewürfelt
Pfeffer, frisch gemahlen
1 Prise Muskat
1 Knoblauchzehe, gepreßt
1 TL Fenchelsamen, gemahlen
Meersalz
(so wenig wie möglich)

1 kleiner Kohlkopf, entblättert und blanchiert
2 Tassen Sahnequark
½ Tasse Milch zum Aufschlagen
4 EL geriebener junger Gouda
Butterflöckchen

Bitte den Ofen auf 170 Grad vorheizen! Wir dünsten die Zwiebel in der Butter und geben die Gewürze zu. Anschließend die Roggenkörner unterrühren. Dann den mit Milch verschlagenen Quark und den Käse unterziehen und alle Zutaten gut vermischen.
Eine gebutterte feuerfeste Form mit den Kohlblättern auslegen und die Roggenquarkmasse einfüllen. Den Auflauf mit den restlichen Blättern bedecken. Wenn wir nun noch einige But-

terflöckchen aufsetzen, bildet sich auf dem Kohl durch das Backen eine glänzend-bräunlich schimmernde Schicht.
Der Auflauf schmeckt traumhaft, wenn er von dieser kalten Sauce begleitet wird:

1½ Tassen Crème fraîche	grober schwarzer Pfeffer
1 Knoblauchzehe, gepreßt	2 EL frisch gehackte Petersilie
1 Prise Cayennepfeffer	1 Prise Meersalz

Alle Zutaten gut verrühren und zum Auflauf reichen.

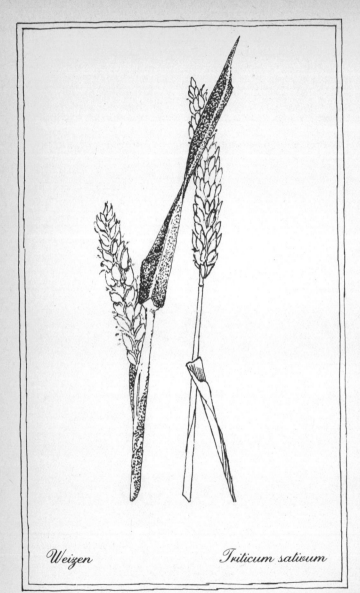

Weizen — Triticum sativum

Der Weizen   *Triticum sativum*

Seit Echnatons Sonnenreligion gilt der Weizen als Mittler zwischen Sonne und Mensch. Denn kein anderes Getreide tankt so viel Sonne und Licht.
Durch Weizen, so glaubten die Menschen, hatten sie teil an den kosmischen Kräften der Sonne, und für die Ägypter war der Weizen Bindeglied zu ihrem Sonnengott Aton.
Der Weizen, das beliebteste Korn, wird in allen Teilen der Welt angebaut – immer der Sonne folgend!

Inhaltsstoffe

Protein 11,7 %, Fett 2,0 %, Kohlehydrate 69,3 %;
Vitamin B_2, B_3, B_5, C und sehr viel E;
100 g verzehrbarer Weizen hat einen Calciumanteil von 43 mg;
Eisen, Phosphor, Magnesium und Zink.

Kochen mit Weizen

Weizen-Grundrezept

250 g Weizen, geweicht Meersalz
1 l Wasser, gefiltert (so wenig wie möglich)
2 EL Butter

Den Weizen kurz aufkochen, das Wasser abgießen, mit frischem Wasser erneut aufkochen und bei kleinster Hitze eine Stunde köcheln lassen.
Wir geben Butter und Salz hinzu und lassen die Körner 30 Minuten nachquellen.

Variation:

Süßes Weizenkorn

100 g Rosinen, geweicht 1 EL Honig
50 g Mandeln, geschält und ¼ l süße Sahne
gehackt

Den Weizen, mit Rosinen, Mandeln und Honig gesüßt, in Schalen geben und mit Sahne übergießen.

Ungekochter Brei aus vielen Körnern:

Frischkornbrei nach Dr. Bruker

Er wird aus Roggen und Weizen oder aus einer Mischung von Roggen, Weizen, Gerste, Hafer und Hirse hergestellt.

3 geriebene Äpfel 3 Tassen Wasser
12 EL Körner

Die Körner zu grobem Schrot mahlen. (Nie auf Vorrat mahlen!)
Mit gefiltertem Wasser zu einem Brei verrühren und 5–12 Stunden zum Quellen stehenlassen.

Obst zum Frischkornbrei:

Geriebener Apfel lockert den Brei besonders, aber versuchen wir auch Birnen, Beeren, Kirschen, Pflaumen, Aprikosen oder, im Winter, geweichtes Trockenobst.

Milchprodukte zum Frischkornbrei:

Milch, Joghurt, Sauermilch, Sauerrahm ... die himmlischste Zutat ist ein Klacks geschlagene Sahne!

Nüsse zum Frischkornbrei:

Haselnüsse, Walnüsse, Pinienkerne, Mandeln, Sonnenblumenkerne, Kürbiskerne. Wählen Sie! Ich liebe gerösteten Sesam im Brei – oder frisch gemahlenen Leinsamen und Sprossen.

Würze im Frischkornbrei:

Der gequollene Schrot hat eine natürliche Süße, besonders, wenn er gut gekaut wird.
Wollen wir den Frischkornbrei besonders würzen, so empfehle ich eine Spur gemahlenen Fenchel, Zimt, Nelke, Anis oder Vanille.

Warum heißt es nur immer, Körnerkost sei langweilig?

Die Hülsenfrüchte

Samen, die in Hülsen reifen, stehen seit Urzeiten in engem Verbund mit Körnern.
Altertumsforscher fanden Hülsenfrüchte, oft zusammen mit Getreide, in Schalen und Gefäßen verwahrt, und ordneten sie gemeinsamer Entstehungszeit zu. Hülsenfrüchte und Getreide wurden *zusammen* genossen!
Wußten die Menschen früherer Zeiten, wie ideal sich diese beiden Früchte ergänzen? Heute erbringt die chemische Analyse den Nachweis:
Hülsenfrüchte liefern das in den Getreiden geringer vorkommende Protein und ergänzen sich ideal in Inhalt und Geschmack. Es gibt weltweit eine Menge typischer Rezepte, die keinen anderen Sinn haben, als ihre Inhaltsstoffe gegenseitig zu ergänzen, um eine komplette Mahlzeit zu ergeben.

In Asien finden wir die Verbindung von:
Hülsenfrucht (Soja) mit Getreide (Reis);

in Europa:
Hülsenfrucht (Bohne, Linse, Erbse, Kichererbse) mit Getreide (Roggen, Hafer, Hirse, Gerste, Weizen);

in Amerika:
Getreide (Mais) mit Hülsenfrucht (Bohne);

in Nordafrika:
Getreide (Weizen, Hirse) mit Hülsenfrucht (Kichererbse).

Hülsenfrüchte – allgemeine Grundregeln

Wir kaufen biologisch gewachsene Hülsenfrüchte frisch aus der letzten Ernte mit einer glatt anliegenden Haut.
Alte Samen sind runzelig.
Früchte, die durch Erntemethoden oder Nachbehandlungen gebrochen sind, haben *nicht* den Nährwert und den Geschmack der ganzen Frucht; sie müssen verlesen werden.
Wir waschen Hülsenfrüchte in kaltem stehenden Wasser. Hülsen und gebrochene Anteile steigen nach oben und können mit der Hand herausgefischt werden.
Hülsenfrüchte sollten nur in gefiltertem Wasser geweicht und gekocht werden. Siehe »Unser Wasser« (S. 137).
Die Einweichzeit ist von der Größe des Samens abhängig, sie sollte aber nie die Maximaldauer von 10 Stunden überschreiten, da zu diesem Zeitpunkt die Keimung beginnt. Ins Einweichwasser gehen wertvolle Stoffe des Samens über; es muß unbedingt zum Garen weiterverwendet werden.

Hülsenfrüchte-Grundrezept

250 g Hülsenfrüchte   1 l Wasser

Die vorgeweichten Hülsenfrüchte werden in kaltem Wasser aufgesetzt und zum Aufwallen gebracht. Wir schütten die Hülsenfrüchte auf ein Sieb und übergießen sie kalt, um sie dann im *Einweichwasser* aufzukochen.

Hülsenfrüchte entwickeln beim Kochen leicht einen Schaum, der abgeschöpft werden muß. Nach dem Vorkochen jedoch ist eine Art Säuberung vollzogen, und die Früchte können im angereicherten Einweichwasser weiterkochen. Das geschieht je nach Alter und Größe der Frucht zwischen 45 Minuten und 2 Stunden auf kleinster Flamme.
Wir können allen Hülsenfrüchten durch das Zufügen von Gemüsen oder Kräutern verschiedene Geschmacksnoten geben, z. B. Dill, Fenchel, Kümmelsamen, Wacholderbeeren, Knoblauch, Lorbeer, eine mit Nelke gespickte Zwiebel, Muskatnuß, Piment, ein wenig Honig.
Die im Geschmack sanften Hülsenfrüchte bieten eine gute Unterlage für jede ausgefallene Würze, die außerdem unsere Körperfunktion anregt und die Hülsenfrucht leichter verdaulich macht.

Und zu guter Letzt: Der Gourmet schmeckt seine Hülsenfrüchte mit einem Schuß Rot- oder Weißwein ab.

Bohnen *Phaseolus vulgaris*

Wie vielfältig sind die Bohnenarten! Fast jedes Land hat seine typische Sorte und ein nationales Bohnengericht.
In Frankreich sind es die *haricots verts*, in England die nierenförmigen *Kidneybohnen*, in Spanien und Lateinamerika die *Friolen* und in China und Japan die *Soja-* und *Azukibohnen*.
Wer liebte in unserem Land nicht die ersten zarten Wollböhnchen, im Volksmund grob Saubohne genannt; sie gehören zu den Sommerköstlichkeiten besonderer Note.
Prähistorisch gehört die Bohne nach Afrika, doch läßt sie sich seit mehr als 6000 Jahren in Amerika nachweisen, besonders in Mexiko. Von den Eroberern Amerikas wissen wir, daß Bohnen ein fester Bestandteil der dortigen Küche waren und sich in einem großen, vielfältigen Sortenangebot in den verschiedenen Gerichten wiederfanden.
Bohnen haben interessante Formen, schillernde Farben, aber sie scheinen von einem Geheimnis umgeben, denn sie wurden trotz ihres hohen Nährwert von alters her mit einer gewissen Ablehnung gestraft. Da heißt es z. B.: »Dumm wie Bohnenstroh«, »Bohnen bringen Unglück« oder sie sind nur »für die Ärmsten der Armen«. Pythagoras verbot seinen Schülern sogar, Bohnen zu essen.
Bis heute haben sich die Vorurteile gehalten. Oder sind die Bohnen verdrängt worden vom Eiweißlieferanten Fleisch und gelten als dickmachendes, blähendes Wintergemüse? Früher waren sie aus der Vorratskammer nicht fortzudenken, doch der Kühlschrank, das Treibhausgemüse und die Versorgung mit frischen Früchten aus warmen Ländern haben unsere Eßgewohnheiten geändert.

Inhaltsstoffe

18–25 % Protein;
Vitamin B_1, B_2 und C in hoher Konzentration;
Eisen, Phosphor, Calcium, Magnesium, Kalium, Kupfer, Mangan, Zink.

Bohne — Phaseolus vulgaris

Die Gruppe der Menschen, die in der »modernen« Ernährung eine große Gefahr sieht, wächst, und es gibt in den letzten Jahren eine Tendenz, sich wieder an die Rezepte aus Großmütterchens Zeiten zu erinnern und landschaftsbezogen zu essen.
Es gilt, die Bohne *neu* zu entdecken. Sie ist reich an Inhaltsstoffen, und die Möglichkeiten, sie in unseren Speiseplan aufzunehmen, sind schier unerschöpflich.

Mein Lieblingsrezept:

Marinierte weiße Bohnen

1 Tasse große weiße Bohnen
1 l Wasser
½ Tasse Olivenöl
1 Lorbeerblatt
2 Knoblauchzehen, ganz

Marinade:
½ Tasse Olivenöl
½ Tasse Weinessig (Apfel oder Estragon)
4 EL gehackte Petersilie
1–2 EL Oregano, gestoßen
½ EL Basilikum
frisch gemahlener Pfeffer
Meersalz
(so wenig wie möglich)

Die Bohnen werden in gefiltertem Wasser 10 Stunden geweicht (s. auch Grundrezept Hülsenfrüchte, S. 67), dann im Einweichwasser mit den würzenden Zutaten ca. 1–2 Stunden geköchelt. Die Bohnen während der Kochzeit prüfen, damit sie knackig bleiben.
Wir geben die Bohnen in eine Schüssel, übergießen sie mit der Marinade und stellen die verschlossene Schüssel zum Durchziehen an einen kühlen Platz.
Diese marinierten Bohnen sind eine Delikatesse zu Bandnudeln, aber sie sind auch eine aufregende Zutat zu allen grünen Salaten.

Die Azuki-Bohne

Wie kernig-fest ist diese kleine rote Bohne, die seit Jahrtausenden in China, Japan und Korea gezüchtet wird. Sie ist die kleine Schwester der großen roten Feuerbohne aus Südamerika. In Japan finden wir die feine Azuki sogar in vielen Küchenrezepten.
Sie wird zu Füllungen verarbeitet, zu Mehl vermahlen und ist eine begehrte Zutat für Konfekt.
In China war es Tradition, zum Geburtstag des Kaisers besonders viele Speisen mit dem teuren Azukimehl anzureichern – zur Verehrung seiner Majestät.

Prof. Oshawa, der japanische Ernährungswissenschaftler, schätzt den Heilwert der Azukibohne besonders hoch ein. Er beschreibt ihre Wirkung auf erschlaffte Gewebe und empfiehlt besonders Nierenkranken täglich kleine Portionen zur Stärkung.

Anmerkung:
Mit ihren nur geringen Hektarbeträgen ist die Azuki-Bohne entsprechend teuer – aber eine wahre Medizin!

Inhaltsstoffe

25 % Protein;
Vitamin B_1, B_2, B_3;
Eisen, Calcium, Magnesium, Phosphor.

Azuki-Bohnen-Suppe

1½ Tassen Azukibohnen, geweicht
2 EL Öl, kaltgeschlagen
1 große Zwiebel, in Würfel geschnitten
1 Stange Porree, in Streifen geschnitten
1 l Wasser
1 Blatt Kombu, 6 cm lang (Alge)
1 Bouquet garni (Petersilienwurzel, Möhre, Sellerie, Thymian, Knoblauchzehe)
2 Scheiben Vollkornbrot
1 EL Butter

Die geschnittenen Gemüse werden kurz im Öl angedünstet, danach im Wasser mit den weiteren Zutaten 1 Stunde auf kleinster Flamme gekocht. Das Vollkornbrot schneiden wir in Würfel und rösten es in sehr wenig Öl von allen Seiten knusprig-braun. Mit frischen Kräutern bestreut, besonders mit Minze, ist diese Suppe unübertrefflich. Ich serviere sie gerne mit einem Klacks Joghurt, gewürzt mit einem Hauch Knoblauch.
Die gerösteten Brotkrumen erst bei Tisch über die Suppe streuen, damit sie kroß bleiben.

Anmerkung:
Wenn wir Azukibohnen mit Reis mischen, haben wir eine klassische Kombination von Getreide und Hülsenfrucht, die als die ideale Nahrungsergänzung anzusehen ist.

Die gelbe Sojabohne   *Glycine max*

Uralt ist die Geschichte der Sojabohne – sie wird in China nachweislich schon mehr als 13 000 Jahre gezüchtet. Bevor der große Botaniker und Kaiser Sheng Nung sie in sein großes Buch der Pflanzen aufnahm, war sie schon das wichtigste Nahrungsmittel der gelben Rasse. Sie gehört zu den 5 heiligen Früchten der Chinesen.
Seit dem 18. Jahrhundert ist die Sojabohne auch in Europa eingeführt, aber erst in den letzten 20 Jahren zu einem bedeutenden Futtermittel geworden. Mit der Aktualität einer fleischlosen Kost, im Kampf gegen den Hunger in der Welt, sieht man im Pflanzenprotein der Sojabohne den idealen »Fleischersatz«. Keine Hülsenfrucht hat mehr Protein.
Aber die Sojabohne ist nicht nur Nahrungs- und Futtermittel. Sie wird in den verschiedensten Industriezweigen als Grundstoff benutzt, zum Beispiel bei der Herstellung von Tinte, Gummi und Seife.

Inhaltsstoffe

37 % Protein mit allen essentiellen Aminosäuren (das ist doppelt so viel Protein wie im Fleisch lagert);
18 % Fett mit einem Anteil von 10 % ungesättigten Fettsäuren;
Vitamine B_1, B_2, B_3, A, C und K;
Calcium, Magnesium, Kupfer, Eisen, Mangan, Phosphor.

Gelbe Sojabohne — Glycine max

Die Sojabohne ist eine der reichsten Lecithinquellen.

Anmerkung:
Verwechseln wir die gelbe Sojabohne nicht mit der grünen Mungobohne. Die gelbe Sojabohne hat große Ähnlichkeit mit unserer gelben Küchenerbse, und tatsächlich gehört auch die Bohne botanisch zu der Familie der Erbsen.

Die chinesische Küche enthält eine Vielzahl von Beilagen, die aus der Sojabohne hergestellt werden, und es ist kein Wunder, daß die nahezu fleischlos lebenden Chinesen unerschöpfliche Möglichkeiten entdeckten, sich die unübertrefflichen Inhaltsstoffe nutzbar zu machen.
So gibt es Sojamehl, Sojamilch, Sojaflocken, Sojaöl, Tofu – der Bohnenquark – und schließlich die Sojasauce, auch Tamari oder Shoyu genannt. Sie entsteht, wenn nach verschiedenen Rezepturen, unter Zumischung von geröstetem Weizen, die gekochte Sojabohne mit Schimmelpilzsporen angesetzt wird und fermentiert. Je länger eine Sauce gärt, desto besser wird ihre Qualität. Ist die Sojabohnensauce das Geheimnis der chinesischen Gesundheit?
Viele Vegetarier schätzen die vitaminreiche Sauce wegen ihres köstlichen Geschmacks und vor allem wegen des hohen Vitamin-B_{12}-Anteils, einer der wichtigsten Ergänzungsstoffe für den fleischlos lebenden Menschen.

Sojamilch

Sojamilch schmeckt samtig weich. Eine Tasse enthält ca. 5 g Eiweiß. Sie ist eine ausgezeichnete Alternative für Menschen, die auf Kuhmilch allergisch reagieren oder tierische Produkte vermeiden wollen.

3 Tassen Sojabohnen   *6 Tassen Wasser*

Wir weichen die Bohnen ca. 10 Stunden lang ein.
Jede Tasse gequollener Bohnen wird jeweils mit 2 Tassen heißen Wassers püriert.
In einem Topf wird das Bohnenpüree aufgekocht und bei kleinster Flamme 15–20 Minuten geköchelt. Ein Sieb mit einem dünnen Baumwolltuch auslegen und den Brei durchseihen. Es trennt sich die Milch von einem Rückstand, der im Japanischen »Okara« genannt wird.
Wir wiederholen den Vorgang mit 2 Tassen kalten Wassers, die nochmals über den Rückstand gegossen werden, und pressen wiederum die Milch heraus.
Nun können wir die Milch mit oder ohne Zutat genießen. Sie ist cholesterinfrei.
Okara: Die zurückbleibenden Restanteile enthalten wichtige Ballaststoffe der Bohne. Sie lassen sich wundervoll weiterverwenden zu Suppen, Füllungen und Cremes.

Tofu – Sojabohnenquark

Wenn wir erst die Sojamilch haben, ist es ganz einfach!
Diesmal 3 Tassen Wasser auf eine Tasse gequollener Bohnen geben. Der heißen Milch wird schubweise Apfelessig zugegeben, damit sie gerinnt (¼ Tasse Apfelessig, verdünnt mit ½ Tasse Wasser).
Es kommt zu einer Flockenbildung, wie bei der Quarkherstellung. Tofu ist eine Erfahrungssache, bei der die Bohnenqualität und das Gerinnungsmittel in der Wirkung aufeinander eine große Rolle spielen. Sojamilch gerinnt langsam vom Boden zur Oberfläche. In dieser Zeit bilden sich die Gärungsflocken. Sobald sich die Molke gänzlich von den Flocken getrennt hat, kann sie in einen mit einem Baumwolltuch ausgelegten Durchschlag gegossen werden. Die Molke läuft ab, und der Bohnenquark bleibt im Tuch. Wir beschweren ihn mit Holzbrett und Gewicht, damit der Tofu zu einer Form zusammengepreßt wird. Der Quark kann in kaltem Wasser oder in seiner Molke im Kühlschrank aufbewahrt werden, falls wir ihn nicht sogleich verzehren wollen.
Nahezu ohne Eigengeschmack, läßt sich Tofu geschmacklich vielseitig variieren.

Anmerkung:

Wenn wir aus der wertvollen Bohne, Suppen-Pürees oder Gemüseeintöpfe bereiten wollen, richten wir uns nach dem Grundrezept für die Erbse (S. 67).

Sojabohne

Die grüne Sojabohne (Mungobohne)
(Phaseolus radiatus)

Wenn die gelbe Sojabohne bedeutend ist wegen ihres hohen Proteingehalts, so ist die grüne Sojabohne die berühmteste Sprosse der Welt.
Die Sprossenzucht hat sich im Westen mit der grünen Sojabohne durchgesetzt, und sie wird darum im Kapitel der Keime besprochen.

Erbse — Pisum sativum

Erbsen *Pisum sativum*

In der Türkei hat man Erbsen gefunden, die auf ein Alter von 15 000 Jahren geschätzt werden.
Früher kannte man Erbsen nur als getrocknete Hülsenfrucht, bis entdeckt wurde, daß Erbsen auch grün gegessen werden können.

Inhaltsstoffe

25 % Protein;
hohe Anteile an essentiellen Aminosäuren;
Vitamine A, B_1, B_2, B_6 und C;
Calcium, Phosphor, Magnesium, Kupfer, Mangan, Zink.

Mein Lieblingsgericht

Erbsensuppe

*1 Tasse grüne Erbsen,
10 Stunden geweicht
1 l Wasser
2 Zwiebeln, fein gehackt
2 Möhren, fein geschnitten*

*1 EL Butter
1 Prise Salz
1 Töpfchen Sauerrahm
3 EL frisch gehackte Minze
Salz (so wenig wie möglich)*

Wir bringen die Erbsen nach dem Grundrezept für Hülsenfrüchte (S. 67) zum Kochen und schäumen sie, wenn es nötig ist, ab. Sie garen innerhalb einer Stunde auf kleinster Flamme.

In einer Kasserolle die Gemüse dünsten und dann alle Zutaten, wenn sie abgekühlt sind, in einen Mixer geben und zu einer Creme schlagen.

Nachdem wir diese »Erbsensuppe« neu erwärmt haben, fügen wir den Sauerrahm zu und würzen mit der frischen Minze und einem Hauch Salz.

Diese Erbsensuppe ist leicht und frisch. Auch das Zerkleinern im Mixer macht sie bekömmlich. Wenn die Suppe sättigen soll, streuen wir vor dem Essen geröstete Brotkrumen oder gebräunte Sonnenblumenkerne über diese Kreation.

Kichererbsen *Cicer arietinum*

Die Kichererbse, auch Garbanzo genannt, verträgt extreme Hitze und ist beim Wachstum, ebenso wie bei der Ernte und der Lagerung, sehr widerstandsfähig und anspruchslos. In Mexiko und im ganzen Mittelmeerraum wandert die Kichererbse durch die Kochtöpfe, und mit ihrem hohen Protein- und Stärkegehalt ist sie eine kräftigende und sättigende Speise.

Gekochte Kichererbsen lassen sich wunderbar zu Nüssen rösten. Dazu brauchen wir nicht mehr als eine geölte Eisenpfanne und Geduld, damit sie gleichmäßig bräunen.

Mit besonderen Röstvorrichtungen kann aus der Kichererbse sogar ein Kaffee-Ersatz bereitet werden!

Doch denken wir an die duftenden Pfannkuchen, die in Nizza gebacken werden.

Ihre Grundsubstanz ist die gemahlene Kichererbse. Dafür gibt es wahrlich keinen Ersatz, denn der Geschmack ist unaustauschbar. Sie heißen »Soccas« und zergehen auf der Zunge.

Inhaltsstoffe

18–25 % Protein;
essentielle Aminosäuren;
Vitamine A, B_1, B_2, B_3, C und E;
viel Eisen, Phosphor, Zink, Mangan, Kalium.

Kichererbse — Cicer arietinum

Kichererbsen-Grundrezept

1½ Tassen Kichererbsen,
10 Stunden geweicht
1 l Wasser

Meersalz
(so wenig wie möglich)

Die Kichererbsen werden nach dem Hülsenfrucht-Grundrezept (S. 67) vorbehandelt und dann im Einweichwasser gegart. Dies geschieht nach scharfem Ankochen mit reduzierter Hitze in ca. 1 bis 1½ Stunden.
Wir können die so vorbereiteten Kichererbsen in Salate streuen, sie unter Getreide mischen und mit Gemüsen der Saison als Eintopf zubereiten.
Kichererbsen vertragen sich besonders gut mit orientalischen Gewürzen.

Kichererbs-Kroketten

2 Tassen Kichererbsen,
gekocht
½ Tasse Gemüsebrühe
1 EL Weizenmehl
1 Ei
1 Scheibe Brot, gebröselt
3 Knoblauchzehen, gepreßt
Meersalz
(so wenig wie möglich)

je 1 Prise:
Kümmel, Basilikum, Pfeffer,
Majoran
3 EL Sesamsamen, geröstet
Fett zum Ausbacken
frische Minze oder Petersilie

Bitte den Ofen auf 170 Grad vorheizen!
Die Kichererbsen werden durch den Fleischwolf gedreht oder im Mixer püriert.
In einer Schüssel alle Zutaten gut verkneten, damit sich die Geschmacksstoffe verbinden.
Wir ölen die Hände leicht und formen aus der Masse Kroketten, die nun wahlweise auf gefettetem Blech im Ofen oder in der heißen Pfanne ausgebacken werden.
Bei Tisch werden die knusprigen Bällchen mit dem frischen Gewürz bestreut. Sie passen wunderbar zu einem Möhrenpüree, mit dem sie sich zu einer erquicklichen Speise ergänzen.

Mein Lieblingsrezept:

Kichererbsencurry

3 Tassen gekochte
Kichererbsen
1 EL Butter
1 TL Koriander
1 TL Kurkuma
1 TL Kreuzkümmel
je 1 Prise:
gemahlene Nelken, Zimt,
Muskatnuß, Ingwer
3 Knoblauchzehen, gepreßt

Meersalz
(so wenig wie möglich)
Saft einer halben Zitrone
4 EL gehackte Petersilie
oder
4 EL gehackte Zitronen-
melisse
2 Töpfchen Sauerrahm
Meersalz

Wir zerlassen die Butter in einer Kasserolle, rühren die Gewürze ein und schütten die Erbsen dazu. Während etwa 15 Minuten sollten sich die Kichererbsen mit dem pikanten Geschmack der Würze vollsaugen. Dann träufeln wir die Zitrone über und garnieren mit der frischen Petersilie.
Der mit Meersalz verquirlte Sauerrahm wird kalt zu dem Curry gereicht.
Der Kichererbsencurry hinterläßt einen sehnsuchtsvollen Geschmack – nach dem Orient.

Die Linse   *Lens esculenta*

Ob in Indien, Griechenland, Italien – überall treffen wir auf diese kleine Frucht, die zu den leicht verdaulichen Hülsenfrüchten gehört.
Aus der Bibel erfahren wir die tragische Geschichte, wie Esau sein Erstgeburtsrecht für einen Linseneintopf hergibt.
Im Nildelta stoßen wir auf die Spuren der Stadt Phacussa, was »Linsenstadt« bedeutet. Stärkten sich die Erbauer der Pyramiden mit den Proteinen und Kohlehydraten der Linsen und gaben dem Platz, an dem sie lebten, den Namen der nährenden Speise?
Es gibt viele Geschichten und Vermutungen über diese Frucht, doch die römische Sitte, bei Begräbnissen Linsen und Salz zu reichen, ist authentisch überliefert.
In allen Ländern, wo aus religiösen Gründen der Fleischverzehr untersagt ist, hat die Linse einen besonderen Stellenwert. Auch während der Fastenzeit war der Linseneintopf in katholischen Ländern ein beliebtes Essen.

Bei der Umstellung auf eine Kost mit einem Hülsenfrüchteanteil wird die Linse eine gute Hilfe sein. – In einer Zeit der ständig steigenden Preise ist sie auch ökonomisch ein hervorragendes Lebensmittel.

Inhaltsstoffe

24% hochwertiges Protein;
56% Kohlehydrate;
1,4% Fett;
Vitamine A, B_1, B_2, B_3 und viel C;
Phosphor, Eisen, Zink, Mangan, Magnesium, Calcium, Natrium, Kupfer.

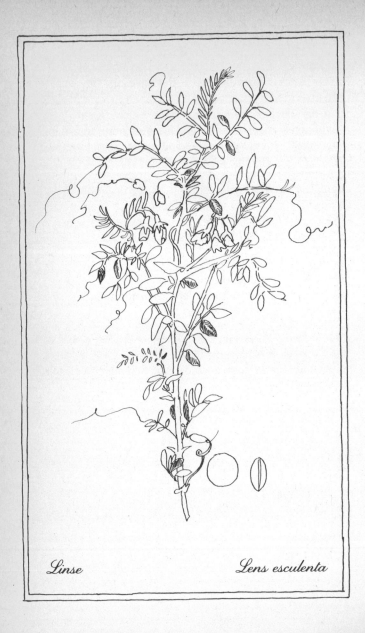

Linse — Lens esculenta

Mein Lieblingsgericht:

Linsenpüree

4 Tassen Linsen, gekocht	Kurkuma gemahlen,
1 Zwiebel, fein gewürfelt	Cayennepfeffer
1 EL Öl, kaltgepreßt	½ TL frischer Ingwer
Meersalz	2 EL frische Minze, gehackt
(so wenig wie möglich)	2 EL Sesamsamen, geröstet
je 1 Prise: Thymian fein gemahlen,	

Wir dünsten die Zwiebeln, mischen sie mit den Linsen und geben beide Zutaten, eventuell mit einem Schuß Gemüsebrühe, in den Mixer.

Die Linsenmasse wird gewürzt und zum Durchziehen kalt gestellt. Wir essen die Speise in Pfannkuchen gewickelt, als Brotaufstrich oder – in kleinen Schalen serviert – mit gerösteten Brotscheiben als Vorspeise zu einem kalten Rosé.

Linsensuppe

1½ Tassen Linsen	1 kleine Stange Bleichsellerie
1 l kochendes Wasser	2 pürierte Tomaten
4 EL Butter	½ TL Hefeextrakt
1 Zwiebel, mit einer Nelke gespickt	1 Knoblauchzehe, gepreßt
	Meersalz, Pfeffer
1 kleine Stange Porree, in Scheiben geschnitten	½ Tasse Rotwein
	3 EL Petersilie, frisch gehackt
1 kleine Paprikaschote, klein gewürfelt	

Die Linsen werden mit dem kochenden Wasser überbrüht und eine Stunde darin geweicht. Anschließend die Linsen eine Stunde lang auf kleinster Flamme köcheln.

Die gegarten Linsen und die kurz gedünsteten Gemüse werden in einem Topf kurz aufgekocht, gewürzt und ganz zum Schluß mit dem Rotwein verfeinert.

Am Tisch streuen wir die Petersilie über.

Es ist etwas ganz besonderes, zu dieser Suppe Sauerkrautsalat zu essen. Erquickend!

Gewürzsamen

»*Das Wohlschmeckende, das Schmackhafte nährt, fördert und erhält!*« Hippokrates

Vereint sich eine Speise mit dem rechten Gewürz, steigert ein Kraut den Eigengeschmack einer Frucht aufs Innigste, dann sprechen wir von Kochkunst. Das Wasser läuft uns im Munde zusammen – die beste Einleitung für ein schmackhaftes Mahl. Wenn wir uns aber nach der Sättigung dennoch leicht und wohl fühlen, ist der Koch ein Meister; denn er hat es verstanden, seinen Speisen die Würze zu geben, die über eine Geschmackssymphonie hinaus das Wohlbefinden des »Genießers« beeinflußt. Weisheit liegt darin, durch Würze ein Essen auch bekömmlicher zu machen.

Gewürze regen den Speichelfluß an und fördern schon dadurch die im Mund beginnende Verdauung. Außerdem stimulieren sie die Magen- und Darmsekrete und desinfizieren.
Das Thema der Körner und Samen wäre nicht ausgefüllt, wenn wir dem Gewürzsamen nicht unsere Verehrung aussprechen würden ... Kräuterpflanzen gelten als unscheinbar, doch dahinter verbirgt sich eine vielfältige Kraft, aus der wir wunderbar schöpfen können.

Der Anis *Pimpinella anisum*

Schon die Ägypter kultivierten den köstlichen Anis. Über die Alpen ist er zu uns gekommen. In Griechenland und Rom sagten ihm Gelehrte eine heilende Wirkung nach, und Pythagoras pries ihn in der Frauenheilkunde.
Anis entgiftet und beruhigt den Darmbereich, außerdem heilt er Bronchialkatarrhe.

Anis   *Pimpinella anisum*

Wir können Anis auch als Tee trinken. Gekaute Anissamen haben gute Wirkung bei Blähungen und bringen nervösen Menschen Schlaf. Gemahlener Anis macht Obstsalate zur Gaumenfreude.
Mixgetränke und Rohkostsalate, nicht zu vergessen die Anisplätzchen, sind eine Delikatesse!

Der Fenchel *Foeniculum vulgare*

Der Fenchel, als Marienpflanze verehrt, war auch in der Antike im Gespräch, als nach Mitteln gegen Zauberei gesucht wurde. – Schlangen, so geht die Sage, häuten sich, wenn sie vom Fenchel gegessen haben, und daher steht auch der Fenchel sinnbildlich für periodische Verjüngung und Erneuerung.
Kleinkindern geben wir bei Verdauungsstörungen Fencheltee, der auch wunderbar bei allen Krankheiten der Luftwege lindert.
Nach Kneipp fördert Fencheltee den Gallenfluß und regt den trägen Darm an; ein Dampfbad mit dem Tuch über dem Kopf löst Hautprobleme.
Fenchel ist besonders angenehm in Rohkostsalaten und zu Gebäck. Ich liebe ihn, wie könnte es anders sein, zu Sprossen, und er wirkt wie ein »Zaubermittel« im Obstsalat. Außerdem klärt er die verschiedenen Geschmacksnuancen.

Tip:
Wer seine Haut reinigen und klären möchte, nehme ein wöchentliches Kopfdampfbad über einem kräftigen Fenchelsud. Das ist die natürlichste und wirksamste Hilfe, eine blühende Haut zu behalten.

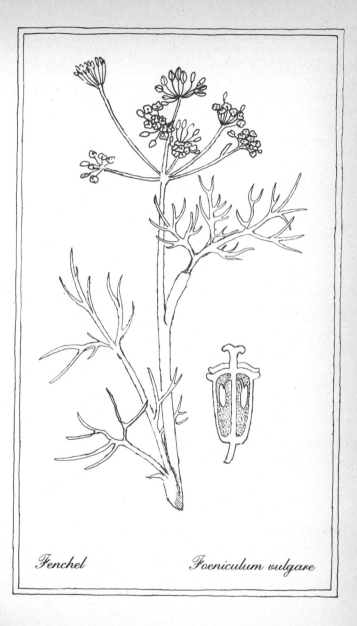

Fenchel — Foeniculum vulgare

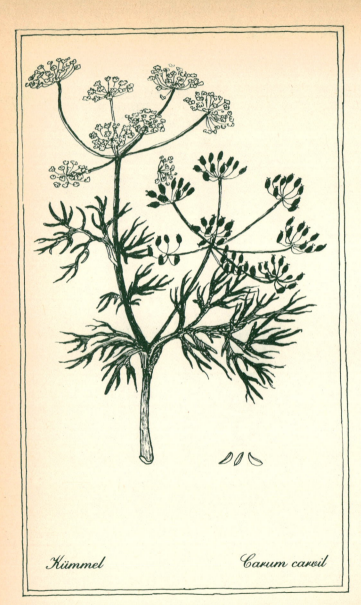

Kümmel — Carum carvi

Der Kümmel *Carum carvil*

Der Kümmel ist wie so manches Gewürz von Asien und Ägypten in den Mittelmeerraum vorgedrungen und war in der langen Tradition der Klostergärten eines der begehrtesten Gewürze. Kümmel stärkt den Magen; er ist blähungswidrig und hilft der Verdauung.

Kümmel in der Küche

Wer würde nicht, wenn er Kohl zubereitet, eine Prise Kümmel mitverwenden oder ihn zu frischen Kartoffeln, Quark und roten Rüben reichen? Dem Kochwasser für Getreidegerichte zugegeben, erleichtert er die Verdauung und fördert das Allgemeinwohl.

Ein Tee gegen Blähungen

Anis, Fenchel, Kümmel und Kamille zu gleichen Teilen mit kochendem Wasser übergießen und mindestens 10 Minuten ziehen lassen.
Dieser Tee sollte in sehr kleinen Schlückchen getrunken werden.

Anmerkung:
Kümmel wird meist als ganzer Samen verwendet.
Bei Brot und Brezeln bildet er sogar eine Kruste.
Wer intensiven Kümmelgeschmack nicht schätzt, kann ihn klein hacken oder mahlen. Schon eine winzige Prise steigert den Geschmack einer Speise und regt unseren Stoffwechsel an.

Senf — Sinapis alba

Der Senf *Sinapis alba*

Das Senfkorn ist eine Wunderpflanze, denn die Kräfte des kleinen goldenen Kügelchens sind außergewöhnlich. Es reinigt, stärkt, heilt, regeneriert und desinfiziert. Gelähmte Verdauungsorgane, die zu Verschlackung führen, können durch eine Kur mit Senfkörnern wieder aktiviert werden. Alle Ausscheidungsorgane, z. B. auch Atmungsorgane, gesunden durch diese Medizin.
Seine heilsamen Kräfte sind seit alters her von allen Kulturvölkern genutzt worden; wie gut, ihn bei den vielen gegenwärtigen Darmkrankheiten wieder kennenzulernen.
Fragen Sie einen Heilpraktiker nach Senfkuren! Die Senfkörner werden unzerkaut in zuerst kleinen, dann ansteigenden Mengen eingenommen. Sie wirken, obwohl sie als Ganzes wieder ausgeschieden werden.

Das Senfkorn in der Küche

Frisch gemahlene Senfkörner würzen Salatsaucen und Suppen. Wer Gurken einlegt, wird immer eine Portion der kleinen Körner in den Sud geben, damit die Würze in die Gurken dringt und die ätherischen Öle für die Haltbarkeit sorgen können.

Nüsse / Ölfrüchte

»Rauhe Schale – weicher Kern«, sind sie nicht eine Besonderheit, diese schönen Früchte?
Kein Öl ist so wertvoll wie die Ölfrucht selbst.
Obwohl wir glauben, mit kaltgepreßten Ölen das Beste zu kaufen, ist doch der Preßvorgang immer mit Wärme verbunden, der einen direkten Einfluß auf Geschmack und Inhaltsstoffe hat. Das Öl trennt sich erst durch Wärme von den Hülsen und Faserstoffen. Darum ist es sinnvoll, Nüsse zu essen, um von ihrer unverfälschten Vitalität zu profitieren.
Nüsse sind reich an Proteinen, Ölen, ungesättigten Fettsäuren, Vitaminen, Mineralien und Spurenelementen.
Wenn Nüsse gut gekaut und eingespeichelt werden, sind sie leichter verdaulich.

Der Leinsamen *Linum usitatissimum*

Den Römern und Griechen war der Leinsamen eine Delikatesse; er wurde zwischen den einzelnen Gängen ihrer Festgelage gereicht.
Heute ist anerkannt, daß bei Magen und Darmschleimhautentzündungen und bei Verstopfungen Leinsamen eine heilende Funktion zukommt. Doch jede Erkrankung wird durch unterschiedliche Zubereitung des Leinsamens geheilt.

a) *Für Magen und Darmschleimhautentzündung:* geschroteter Leinsamen. Für die Magenschleimhautentzündung ist vorgequollener Leinsamen oder Leinsamentee zu empfehlen. (Siehe Rezepte S. 102.)

b) *bei Verstopfung:* grob geschroteter Leinsamen oder Linusit (Reformhaus) mit ausreichender Flüssigkeitsmenge eingenommen. (Auf 2 EL Leinsamen 1 Glas Wasser.) Denn nur in Verbin-

Leinsamen   *Linum usitatissinum*

dung mit Flüssigkeit werden die Quellstoffe im Samen wirksam und können ihre Funktion im Darm ausüben.
Leinsamen wird immer frisch gemahlen, damit der eindringende Sauerstoff seine Inhaltsstoffe nicht beeinträchtigt.

Der Leinsamen in der Küche

Der Samen kann in die verschiedensten Gerichte gestreut werden. Wenn wir nur einen frisch geschroteten Eßlöffel täglich essen – im Müsli, in Getränken, in Salaten oder zu Getreiden und Eintöpfen – haben wir schon viel für unsere Gesundheit getan.

Inhaltsstoffe

23% Protein;
40% Öl, davon 75% ungesättigte Fettsäuren;
sehr viel Calcium, Eisen, Phosphor, Magnesium, Kupfer.

Leinsamentee

3 EL Leinsamen   ½ l Wasser

Wir geben den Leinsamen ins kochende Wasser und lassen ihn 6–7 Minuten ziehen. Abseihen.
Oder den Leinsamen mit kochendem Wasser übergießen und über Nacht ziehen lassen, bevor er gesiebt wird.
Dieser Tee enthält viel darmheilendes Vitamin F.

Die süße Mandel *Pronus amygdalus*

Eine süße Frucht in steinhartem Kern. Das Ursprungsland des Mandelbaums ist Persien. Mittlerweile hat er sich im ganzen Mittelmeerraum verbreitet. Man sagt, wenn stillende Mütter Mandeln essen, vermehre sich ihre Milch.
Die Mandel vertreibt Schlaflosigkeit und Kopfschmerzen nach Alkoholgenuß. So gaben die klugen Perserinnen ihren Männern Mandeln mit auf den Weg zu einem Gelage.
Mythen zufolge sollen Mandeln sogar Hexen und den bösen Blick vertreiben ...

Inhaltsstoffe

18% Protein, 11% Öl;
mit mehrfach ungesättigten Fettsäuren, 19,5% Kohlehydrate;
Calcium, Potassium, Magnesium, Phosphor, Mangan, Kalium, Schwefel, Chlor, Eisen, Zink, Natrium, Kupfer;
Die Vitamine B_1, B_2, B_3 und A.

Kein Wunder, daß bei der Ansammlung von Mineralien und Spurenelementen der Mandel besondere Heilkräfte nachgesagt werden.

Anmerkung:
Es gilt als »offenes Geheimnis«, daß der tägliche Genuß von drei gut gekauten Mandeln *keine* Geschwulst im Körper zuläßt.

Vorsicht!

Verwechseln wir die süße Mandel nicht mit der Bittermandel, die tödlich wirkende Blausäure enthält.

Mandel — Pronus amygdalus

Die Mandel in der Küche

Mandelcremesuppe

1 l Gemüsebrühe
1 Tasse Mandeln
1 Tasse Sahne
weißer Pfeffer

ein Hauch Meersalz
3 EL Pfefferminzblätter,
gehackt

Die Mandeln werden in der Sahne püriert und in die kochende Gemüsebrühe gerührt. Noch einmal kurz aufkochen lassen. Anschließend die Suppe abschmecken und mit der Minze garnieren.

Anis-Mandelplätzchen

4 EL Sojaöl, kaltgeschlagen
½ Tasse Honig
½ Tasse Mandeln, gemahlen

3 Tassen Vollweizenmehl
2 TL Anis, gemahlen
eine Spur Meersalz

Bitte den Ofen auf 180 Grad vorheizen!
Alle Zutaten in eine Schüssel geben und einen cremigen Teig rühren.
Ein Blech fetten und den Teig mit einem Teelöffel in kleine Häufchen setzen. In 10–15 Minuten zu knusprigen Plätzchen backen.

Sesam — Sesamum indicum

Der Sesam   *Sesamum indicum*

Der lateinische Name verrät das Geburtsland – es ist Indien. Die kostbare Pflanze ist der erste ölhaltige Samen, den der Mensch züchtete und anbaute. Er hat sich über China und Japan schnell bis in die Mittelmeerländer verbreitet. Sesamöl ist qualitativ unübertroffen, da es praktisch nicht ranzig wird. Es kann also sehr lange gelagert werden, und wird sogar anderen Ölen zur Stabilisierung beigemischt. Außerdem hat der kleine beige Sesamsamen einen pikanten Geschmack. Hippokrates verweist in seinen Schriften immer wieder auf die Heilkraft der winzigen Frucht.

Inhaltsstoffe

20 % Protein, 50 % Öl, welches zu 90,4 % aus ungesättigten Fettsäuren besteht;
Die Vitamine B_1, B_2, B_3, A, C und E;
Lecithin, Magnesium, Calcium und Phosphor.

Sesam in der Küche

Wir können Sesam roh oder geröstet über jedes Müsli, Gemüse, jeden Salat oder andere ungekochte Speisen streuen. Das zur makrobiotischen Küche gehörende *Gomasio* besteht aus Sesam.
Und so bereiten wir es zu:

Gomasio

1 Tasse grob gemahlener Sesam   1 EL Meersalz

Wir vermischen die Zutaten und rühren sie so lange in einer heißen Eisenpfanne, bis sich der Sesam goldbraun färbt. Wegen der Luftempfindlichkeit jeder gemahlenen Ölfrucht wird Gomasio immer frisch zubereitet.

»Sesam öffne dich« – im Märchen von Tausendundeiner Nacht ist dieser Satz ein geheimnisvoller Schlüssel.
Öffnen *wir* uns den Kräften des wohlschmeckenden Sesams, denn seit Jahrtausenden ist bekannt: Er klärt den Geist und stärkt das Gedächtnis!

Sesamkrokant

1 Tasse Honig   1 Tasse Sesamsaat
1 EL Apfelessig   das Mark einer halben
                         Vanilleschote, fein püriert

In einem Eisentopf auf kleiner Flamme lassen wir Honig und Essig so lange köcheln, bis eine feste Masse entstanden ist. Dann geben wir den Sesam hinzu und würzen.
Auf einem mehlbestäubten Brett die Sesamkrokantmasse auswalzen und in Rechtecke oder Kreise schneiden.
Wer bis dahin noch nicht genascht hat, wird die Plätzchen seinen Freunden schenken.

Ein guter Rat:
Ein Teelöffel Sesam am Tag dient unserer Gesundheit, denn kein Öl hat einen so hohen Gehalt an ungesättigten Fettsäuren. Medizinisch verwendet sorgt das Öl für einen geregelten Blutkreislauf, und der hohe Lecithinanteil kräftigt unsere Nerven. Äußerlich angewendet pflegt es die Haut und wirkt Wunder als Haarpackung.

Sonnenblume — Helianthus annuus

Der Sonnenblumenkern *Helianthus annuus*

Wenn die Sonne aufgeht, streckt ihr die Sonnenblume ihren Blütenkorb entgegen, und bis zum Sonnenuntergang folgt sie dem Licht. Diese starke Einwirkung macht den Sonnenblumenkern zum Kraftwerk an Nahrungsenergie. Die absorbierte Wärme setzt sich als Nährstoff in den Samen fort.
Die Inkas verehrten diese Blume und machten sie als Sonnensymbol zu ihrem Wahrzeichen. Sind diese Blumen nicht wahrhaftige Abbilder kleiner Sonnen?

Und im Gegensatz zu anderen Nüssen haben Sonnenblumenkerne einen geringeren Brennwert. Sie machen nicht dick. Streuen wir sie in Salate und knabbern immer mal wieder ein Kernchen – für unsere Gesundheit und in Gedanken an die schöne strahlende Sonnenblume!

Inhaltsstoffe

27 % Protein, mit allen essentiellen Aminosäuren, 36 % Öl; ca. 20 % Kohlehydrate;
Vitamine B_1, B_2, B_3, A, K, E und F.
Keine Pflanze hat soviel Eisen wie die Sonnenblume.
Kupfer, Mangan, Phosphor, Kalium, Calcium, Magnesium, Zink, Kobalt, Jod, Fluor, Chlor.

Sonnenblumenkerne in der Küche

Halva, roh

je ½ Tasse Sonnenblumen-
kerne, Kokosraspeln,
Weizenkeime, Sesamsaat

1 Prise Kardamom
2 EL Honig
3 EL Erdnußbutter

Alle Zutaten durch den Fleischwolf drehen, gut vermischen und fest zusammenpressen.
Wir modellieren kleine Kugeln und stellen sie bis zum Verzehr kalt.
Diese Nascherei ist ein rechter Gaumenschmeichler.

II
Keimlinge

Vorwort

Der Weg zum Gärtner ohne Erde – oder der Anschluß an den Garten Eden

Die Sprossen kommen – nein, sie sind schon da!
Wir leben in einer Zeit großer Versprechungen, doch für die Erfüllung müssen wir selber sorgen. Darum hat sich die Botschaft der Selbstversorgung durch Sprossen beispielsweise schnell verbreitet, schließt sie doch die Lücke auf der Suche nach giftfreiem frischen Gemüse.
Die Sprossenzucht ist uralte Tradition.
Aus Körnern wachsen Keime – wie in der Natur. Und so lassen wir es auch in unserem Zimmergarten geschehen.
Korn und Samen sind Vorratskammer, voll von Nahrungsenergie. Durch Sauerstoff, Wärme und Feuchtigkeit entfesselt sich im Korn eine mächtige Enzymfabrik. Die Inhaltsstoffe werden für das erste Wachstum freigesetzt, das heißt, sie werden in eine assimilierbare Form gebracht. Der Keimprozeß erhöht den Anteil der Vitamine und bringt die Mineralien und Spurenelemente in eine verwertbare Form für das Wachstum.
Mit einer Handvoll Sprossen und Keime decken wir unseren notwendigen täglichen Bedarf an Vitalstoffen auf natürliche Weise, im Gegensatz zur Einnahme von Vitaminen.
Der Sprossengarten wächst auf kleinstem Raum. Der »Gärtner« benötigt so gut wie keine Ausrüstung: Ein Gurkenglas, ein wenig Gaze, ein Gummiband, und schon geht es los. Wir weichen naturbelassenen Samen in Wasser ein. Nach 6–12 Stunden hat sich der Samen mit Wasser vollgesogen. Die Keimung beginnt. Von da an wird der Samen im Minitreibhaus nur noch feucht gehalten und mit Sauerstoff versorgt.
Unter unserer Obhut wachsen in wenigen Tagen Miniaturpflanzen. Ein neues Lebensgefühl!

In der Sprossenzucht liegt eine unbeschreibbare Freiheit – ein Stückchen Paradies.
Der Zimmergarten ist unabhängig von den Jahreszeiten; er bringt Segen bei wenig Arbeit.
Sprößlinge regen unsere Geschmacksnerven an – wir erleben geheimnisvolle, pikante Genüsse. Eine neue Qualität des Schmeckens verzaubert uns mit der beruhigenden Gewißheit, reine und lebendige Nahrung zu essen. Außerdem heilen Sprossen. – Die amerikanische Forschung bestätigt die Erfahrungen des alten China.

> *»Die Kraft deines Körpers liegt in den Säften der Pflanzen.«*
> Sheng Nung

Sprossen in der Medizin Chinas

Schon 5000 Jahre, bevor die Heilkräfte der Sprossen von europäischen Wissenschaftlern erkannt wurden, hatte der legendäre chinesische Kaiser Sheng Nung sie ausführlich in seinem ersten Buch über die Ordnung der Nutz- und Heilpflanzen beschrieben.
Sheng Nung gilt als Vater der Landwirtschaft und der Medizin. Er teilte die Sojabohnensprossen der zweiten seiner drei Klassen zu. Diese Ordnung war medizinisch und nicht botanisch.
Die erste Gruppe der 360 Heilpflanzen umfaßt die absolut ungiftigen Pflanzen – sie erhalten die Gesundheit, die Quelle unseres Lebens.
Die Sojabohnensprosse gehört, wie Orange und Pilz, zur zweiten Klasse, deren Früchte in bestimmten Dosierungen gegessen werden sollen. Sprossen entschlacken den Körper und haben eine durchdringend heilende Wirkung. Sheng Nung betonte, sie helfen bei der Rekonvaleszenz, wenn der Organismus besondere Kräfte braucht.
Die Pflanzen der dritten Klasse sind nicht giftfrei. – Sie sind reine Medizin und werden homöopathisch dosiert verabreicht. Sie vertreiben Hitze oder Kälte, klären den Atem und reinigen den Körper.
Das Werk Sheng Nungs blieb sehr lange gültig.
Doch 500 n. Chr. überprüfte T'ao Hung King alle Studien, die es über Sheng Nungs Werk gab, und erweiterte das Buch der Heilpflanzen über 365 »neue Erkenntnisse«.
Wieder werden Bohnensprossen erwähnt. Sie gelten als hervorragende Medizin bei Ödemen, Muskelerkrankungen, Kniescheibenschmerzen, Hautunreinheiten und Haarproblemen.
Erst im 16. Jahrhundert tauchten neue Schriften zum Thema Sprossen auf. Nach 40 Jahren Studium verfaßte Meister Li ein Werk über die Kräfte der Sprossen. Er bestätigte vor allem der schwarzen Sojabohnensprosse eine hohe Heilkraft und gab Anweisungen zur Sprossenzucht:
»Lasse schwarze Bohnen an einem feuchten Tag in klarem Was-

ser weichen und entferne dann die Hülsen. Wenn die Bohnen zu Sprossen gewachsen sind, trockne sie im Schatten.«
Nach Li fördern Sprossen die Verdauung, heilen Entzündungen, regenerieren und beschleunigen das Wachstum der Haare.
»Sprossen senken das Fieber, und sie haben eine neutralisierende Wirkung auf Alkohol«, ist eine seiner wichtigsten Aussagen.

Sprossen für unsere Gesundheit!

Es hat sehr lange gedauert, bis wir im Westen den Wert gekeimter Samen erkannten. Erst 1782 wurde der Vitamin-C-Gehalt in Sojabohnensprossen entdeckt.
Von diesem Zeitpunkt an wurden Sprossen erfolgreich, vor allem gegen die oft tödliche Seefahrerkrankheit Skorbut, eingesetzt. Während des Ersten Weltkrieges gab man gekeimte Linsen wegen ihres Vitamin-C-Reichtums mit großem Erfolg in die Verpflegung der britischen Soldaten in Mesopotamien.
Der wirkliche Durchbruch aber kam erst, als der amerikanische Ernährungswissenschaftler Dr. Clive Mc Kay mit seinen aufsehenerregenden Forschungsergebnissen über die Vitaminsteigerung von Sprossen hervortrat.
Der Vitamin-C-Gehalt von gesprossenem Hafer steigt in 72 Stunden um 600% und der Vitamin-E-Gehalt um 33%.
Beim Wachstum der Sprossen reichern sich ebenso Mineralien, wie Calcium, Magnesium, Eisen, Phosphor, Pottasche, Soda, Silicium und Spurenelemente zu wertvollen Verbindungen an.
Dr. Francis Pottenger betont zum Beispiel das Vorhandensein der essentiellen Fettsäuren in Sprossen, die zusammen mit dem hochwertigen Protein eine ausgezeichnete Nahrung sind.
Sprossen enthalten die wertvollsten Proteine, weit wertvoller als die in tierischer Nahrung. Kleine Sprossenmengen haben einen hohen Nahrungswert in unserer täglichen Kost und sind außergewöhnlich arm an Kalorien.

Man kann Sprossen als »vorverdaute« Nahrung betrachten. Sie entlasten unseren Körper und werden von ihm sofort resorbiert.

Keimprozeß

Stärke wird in Maltose-Dextrin, Protein in Aminosäuren und Fett in fettlösliche Stoffe umgewandelt.
Da die leichtverdaulichen Sprossen auch noch durch ihre Keimblättchen Chlorophyll bilden, werden sie für uns zur sogenannten »ganzen« Nahrung. Nur eine Nahrung, die wir mit allen ihren Teilen – Frucht, Wurzel, Blatt – essen, garantiert die Gesamtheit aller Vitalstoffe mit der bestmöglichen Wirkung und Ausgewogenheit. Außerdem nehmen wir mit den Sprossen gleichzeitig deren Enzyme auf. Wenn wir sie nicht durch Hitze schädigen, aktivieren sie auch unseren Stoffwechsel.
Es gibt Ernährungswissenschaftler, die behaupten, wir seien auf von außen zugeführte Enzyme kaum angewiesen, da wir sie selber in uns entwickeln. Andere Experten deuten auf die Wichtigkeit der Enzyme hin, die wir durch unsere Nahrung in unseren Körper schleusen, da Vitamine und Mineralien nur in einem Enzymkomplex gebunden optimal wirken.
Da in keiner Pflanze eine solche Massierung von Enzymen vorkommt wie in Sprossen, sollten wir von diesen Katalysatoren profitieren und sie in unserem Stoffwechsel wirken lassen.

> *Anmerkung:*
> Die wesentlichen Enzyme sind die Amylase, die auf Stärke einwirken. Die Protase setzen das Eiweiß um und die Lipase spalten die Fette auf.

Der Ernährungswissenschaftler Dr. Burkholder erklärt: »Wenn der Nahrungswert gekeimter Samen nach deren Vitaminen und abrufbereiten Aminosäuren beurteilt werden soll, dann scheint es, daß die breite Verwendung von Sprossen in der Er-

nährung orientalischer Völker auf einer gesunden ernährungsmäßigen Grundlage beruht, und sie sollte im weitesten Grad auch bei den westlichen Völkern eingeführt werden.«
Der Gehalt an Vitamin B_{12}, sonst vorzugsweise in Fleisch und Milch enthalten, steigt bei der Keimung stark an und bildet sich neu. *Eine* Sprossenmahlzeit genügt dem Körper als die täglich notwendige Ration B_{12}. Dies ist besonders wichtig für Vegetarier, da die fleischlose Kost leicht zu einem B_{12}-Mangel führt.

Tabelle nach Viktoras Kulvinskas Vitamin-B_{12}-Inhalt, mg/g

	Tage des Sprießens		
	0	2	4
Mungobohne	0,61	0,81	1,53
Linse	0,43	0,42	2,37
Kichererbse	0,35	1,90	1,22
Grüne Erbse	0,36	1,27	2,36

Dr. Ann Wigmore und Viktoras Kulvinskas haben in Boston eine Serie von Versuchen gemacht und in Forschungsarbeiten dargelegt, wie die genauen Stoffwechselveränderungen der verschiedenen Samen bezüglich der Proteine, Stärke und Fette wirken. Es gibt die vielfältigsten Tabellen über das genaue Anreichern der einzelnen Mineralien, Spurenelemente, Vitamine und Enzyme (s. Anhang, S. 131 f.).
Die außergewöhnliche Energie der Sprossen heilt auch schwere Krankheiten.
Im Hippocrates-Health-Institute in Boston, USA, werden *alle* Zivilisationskrankheiten, besonders Krebs, Arteriosklerose, Diabetes sowie Herz- und Kreislaufkrankheiten, erfolgreich mit Sprossen bekämpft.
Auch in der Veterinärmedizin werden sie eingesetzt. So wird von zeugungsunfähigen Bullen berichtet, die durch Beifüttern von gekeimten Körnern ihre Potenz wiederfanden. Auch neurotische Rennpferde kurierte man mit dieser Intensivkost. Das ist nicht neu, denn schon römische und arabische Reiter gaben ihren Pferden gesprossene Getreidekörner.

Die Bevölkerung Japans, Koreas und Chinas hat ihre Gesundheit durch Sprossen erhärtet. Und ganz zum Schluß sei nicht verschwiegen: In Asien gilt die Sojabohnensprosse als Aphrodisiakum.

Sprossen verändern unser Bewußtsein

Das Keimen des Samens ist nicht der Beginn eines Pflanzenlebens, sondern vielmehr eine Fortsetzung oder besser eine Wiederaufnahme des Wachstums nach der Ernte und Ruhe. Der Samen ist eine Miniaturpflanze in einem angehaltenen Prozeß. Ein winziger Embryo, umgeben von Nahrungsreserven, vollzieht seine erste Entwicklung noch an der Elternpflanze. Nach dem Ablösen wartet der Samen in der freien Natur oft über Jahre auf sein Erwachen.
Trotz aller Untersuchungen und Beobachtungen sind immer noch nicht alle Geheimnisse um die im Samen ruhende Kraft entdeckt.
Ist es nicht ein Wunder, wenn ein winziges Sämlein die Kraft hat, eine schwere verkrustete Erdschicht zu durchstoßen?
Was geschieht, wenn unsere wildwachsenden Pflanzen Vorsorge treffen, zur rechten Zeit und unter den jeweils günstigsten Bedingungen ihr Leben zu beginnen, um ihre Art zu erhalten?
So ruhen im Samen nicht nur Nahrungsreserven für das spätere Wachstum, sondern auch Schutzvorrichtungen gegen Hitze, Kälte, Trockenheit und Nässe. Er beherbergt geheimnisvolle Ingredienzien, auf die die Wissenschaft noch keine Antwort zu geben weiß.
Die unmeßbaren Kräfte setzen sich im Wachstum fort. Sprossen senden und empfangen auf emotionaler Ebene und reagieren auf ihre Umwelt. Nicht nur Peter Thomkins schreibt über solche Phänomene in seinem Buch »Das geheime Leben der Pflanzen«. Es ist schon seit Jahrtausenden bekannt: *Pflanzen sind Wesen!*
Die Erkenntnis, daß Vegetation einen gewissen Bewußtseins-

grad besitzt, geht auf die Ägypter zurück; und auch wir nehmen bewußt oder unbewußt teil an diesem »geheimen Leben der Pflanzen«. Wissen wir nicht alle, daß Pflanzen und Mensch in einem Bündnis stehen?
So ist auch die Sprossenzucht ein Kontakt mit Pflanzen. Denn bei Sprossen treffen wir auf höchst empfindsame Lebewesen. Sie reagieren auf uns. Es ist darum wichtig, wie wir unsere Sprossen versorgen. So wie Vibrationen und Strahlungen der Sprossen einen Einfluß auf uns ausüben, ist es auch umgekehrt.
Aus der Philosophie und den Erfahrungen der Bauern aus Findhorn stammen folgende Worte:

»Der wichtigste Beitrag, den ein Mensch im Garten leisten kann – noch wichtiger als Wasser oder Kompost – sind die Wellen, die bei der Bearbeitung in die Erde eingebracht werden, darunter auch Liebe ... Die Pflanzen werden dauernd durch Einflüsse aus der Erde und vom Kosmos berührt, und alle diese Einflüsse sind bedeutender als chemische Elemente oder mikrobiotische Organismen. Es handelt sich um Wellen, die in erster Linie aus dem menschlichen Geist stammen. Die Menschen scheinen die Rolle von Halbgöttern zu spielen. Durch Zusammenarbeit mit der Natur sind die Möglichkeiten für das Erreichbare grenzenlos auf diesem Planeten.« (S. Quellennachweis.)

Sprossen reagieren zum Beispiel sehr empfindlich auf elektromagnetische Felder. Darum gibt es optimale Plätze für unsere Sprossen, deren Veränderung das Wachstum beeinträchtigt. Die besten Ergebnisse in der Sprossenzucht werden erzielt, wenn die Gefäße immer am gleichen Platz stehen.
Ich beschreibe dies alles so ausführlich, weil die Sprossenzucht mich verändert hat. Heute begreife ich, daß Pflanzen mehr sind als Schönheit und Nahrung. Sie sind Nährboden für unser Leben, und wir stehen in einer engen Beziehung zu ihnen. Pflanzen schützen die Erde und gestalten die Landschaft; die Sonne läßt sie mit Licht und Wärme wachsen. Jedes Wesen steht in diesem Prozeß – es baut seinen Körper auf und ist anderen Lebewesen wieder Nahrung. Nichts vergeht – alles wirkt irgend-

wo weiter, auch wenn wir es nicht erkennen: Ebbe und Flut, Sommer und Winter, Tag und Nacht.

So ist es auch in unserer Ernährung. Entfernen wir dem Getreide die Randschichten, so zerstören wir es in seiner biologischen Gesamtheit. Wenn ich meine Sprossen nicht sorgsam gieße, ihnen nicht genügend Sauerstoff und Wärme gewähre, beeinträchtige ich ihr Wachsen. Jedes Vernachlässigen, jede Unachtsamkeit hat ihren Ausschlag.
Früher haben mich Berichte und Prognosen über die Zerstörung unserer Natur nicht so sehr aufgerüttelt – heute verstehe ich mich als Teil der Natur und sehe mich *mit* in Gefahr ... Ich habe erst gelernt, als ich die großen Zusammenhänge der Natur auf die Ebene meiner persönlichen Erfahrung bringen konnte.
Nichts verändert unser Bewußtsein stärker, als die Vertiefung unseres Fühlens mit der Natur.

Warum Sprossen? – Am Beispiel der Energie

Bei keinem Gemüse können wir so sicher sein, unverfälschte Frucht vor uns zu haben. Wir selbst züchten die Sprossen, überprüfen ihr Wachstum, können den Tag der Ernte ausrechnen und sie essen, wenn sie auf ihrem höchsten geschmacklichen wie vitalstoffreichsten Punkt angelangt sind.
Die im Handel erhältlichen Gemüse sind, wie wir alle wissen, nicht nur durch den Boden, die Luft, den Regen und die hinzugefügte Chemie von fragwürdiger Qualität. Sie können Überträger von Giften sein die so zwangsläufig in unseren Körper geraten. Darüber hinaus hat unser Gemüse nicht mehr die wertvollen Inhaltsstoffe, wie zum Beispiel biologisch oder biologisch-dynamisch angebautes Gemüse, das heute, Gott sei Dank, durch die steigende Nachfrage immer mehr zu kaufen ist, aber den Normalverbraucher kaum erreichen kann: Das Angebot ist noch zu klein und die Preise sind zu hoch!

Zurück zum Alltag:
Was passiert beim Einkauf? Wir sehen frisches Gemüse – pralle Früchte in leuchtenden Farben. Aber wie sieht es aus mit der *Energie*, die heute benötigt wird, um diese schillernden Früchte das ganze Jahr über zu produzieren? *Und wieviel Energie geben sie uns?*
Der Bauer kauft die Saat – nun gut, wir auch – aber dann geht es los: die Chemie, Wachstumsförderer, Insektenvertilger, die Ernte mit Maschinen, der Transport – oft Tausende Kilometer weit –, Verpackung, Gebühren für gekühlte Lagerhäuser sind extrem aufwendig, bis diese Gemüse und Früchte in den Regalen eines Kaufhauses oder in Kühltruhen landen.
Wieviel Energie ist verbraucht? Wieviel Strom ist geflossen, bis das Gericht auf dem Tisch steht? Der wahre Preis des Gemüses ist ein Bruchteil dessen, was die Energiekosten betragen. Mit unserem Sprossenanbau durchbrechen wir diese sogenannte Nahrungskette, und wir erhalten ein Vielfaches an Nahrungsenergie gegenüber dem, was sonst käuflich ist.

Warum Sprossen? – Am Beispiel ihres Geschmacks

Erinnern Sie sich noch daran, wie die erste Olive in Ihrem Leben schmeckte – oder haben Sie als Kind gern Spinat gegessen? Wir alle haben schon erfahren, wie sich unser Geschmack verändert, wie wir uns an fremde Geschmacksrichtungen gewöhnen und nach einer Zeit sogar nach diesem »Neuen« lechzen. So ist es mir mit den Sprossen ergangen. Durch die mannigfaltigen Geschmacksformen habe ich neues Land betreten. Jeder Samen trägt sein unverwechselbares Aroma, das sich im Wachsen zu neuen Nuancen verändert. Jeder von uns wird seine Lieblingssprosse entdecken! Die chinesische Mungobohne ist, roh gegessen, erbsensüß, zart und mild – nach nur kurzem Andünsten schmeckt sie nußartig. Weizensprossen, Roggensprossen – in ihnen begegnet uns eine unbekannte neue Süße. Die herbe Luzerne, der scharfe Bockshornklee – eine ideale Würze

für alle exotischen Gerichte. Die Geschmacksskala ist unendlich, besonders in der Mischung mit anderen Zutaten.
Für jeden Feinschmecker ist es eine Herausforderung, seine Schöpferfreude in der Geschmackswelt der Sprossen zu erleben und auszudrücken. Und was die Qualität angeht: welches Gemüse kann frischer sein als Sprossen? Eine Grundforderung des Gourmets ist also erfüllt: Frische und unverfälschter Geschmack!

Warum Sprossen? – Ein Beispiel für Sparsamkeit

Es vergeht kaum ein Tag, an dem nicht irgendein Nahrungsmittel teurer wird. Sprossen dagegen halten ihre Preise, wenn wir einen Samenvorrat anlegen.

> **Beispiel:**
> Eine Tasse Sojabohnen kostet derzeit DM 1,75.
> Aus diesen Bohnen wachsen in 5 Tagen Sprossen in einer Menge, die 8–10 Personen mit frischestem Gemüse versorgt.
> D. h., Sojabohnen vervielfältigen sich um das Sechs- bis Siebenfache.

Ihre Energie ist darüber hinaus sehr sättigend, mehr als jedes andere Gemüse. Bei mir ist es schon zur Regel geworden, daß Freunde mich nach einem Sprossenessen anrufen und mir schildern, wie außergewöhnlich lange sie gesättigt waren und wie frisch sie sich fühlten!
Sprossen sind ein ideales Überlebensessen. Sie sind für Schiffsreisen, für Ausnahmesituationen jeder Art das ergiebigste Nahrungsmittel.

Warum Sprossen? – Zum Beispiel Schlankmacher

Eine Tasse Sprossen enthält nur 16 Gramm Kalorien. Diese ansonsten so nahrhaften Keime haben während ihres Entwicklungsprozesses die im Samen lagernden Kohlehydrate »aufgegessen«. Für uns bleiben die knackigen Sprossen mit ihrem frischen, individuellen Geschmack. Sie verlangen noch nicht einmal nach einer Sauce, die für jeden, der schlank werden möchte, eine Verführung wäre. Da Sprossen alle wichtigen Inhaltsstoffe haben und leicht verdaulich sind, ist es kein Risiko, sie über einen längeren Zeitraum hinweg als Diät zu essen. Alle Übertreibungen und Einseitigkeiten jedoch haben auch hier einen negativen Niederschlag.

> **Tip:**
> Jede *strikte* Schlankheitskur sollte nur unter Überwachung eines »Medizinmannes« gemacht werden.

Zusammenfassung

Sprossen sind das frischeste Gemüse.
Sprossen sind billiger als jedes andere Gemüse.
Sprossen haben, verglichen mit dem Samen, einen viel höheren Nährwert.
Sprossen vermehren Masse und Gewicht um ein Vielfaches.
Sprossen sind sogenannte vorverdaute Nahrungsmittel; sie spalten in der Keimung:

> ihre Stärke in Maltose-Dextrin,
> ihre Proteine in Aminosäuren,
> ihre Fette in fettlösliche Stoffe.

Sprossen bringen uns bündelweise die lebenserhaltenden Enzyme, Mineralien, Spurenelemente und Vitamine, die sich während des Keimens entweder um ein Vielfaches steigern oder in eine für unseren Organismus bessere Form bringen.

Sprossen wachsen in 2 bis 8 Tagen zu knackigem Gemüse.

Sprossen schenken Stadtmenschen eine neue Möglichkeit der Selbstversorgung und eine Rückfindung zur Natur.

Sprossen machen uns gesund und glücklich.

Allgemeine Erläuterungen zur Sprossenzucht

Samen für die Sprossenzucht
(Im Gegensatz zu Freilandsamen, wie Körnern und Hülsenfrüchten zum Verzehr.)

Die Basis für die Sprossenzucht ist ein biologisch gewachsener Samen mit höchster Keimfähigkeit, ein Samen, der nach der Ernte nicht chemisch behandelt ist.
Unsere Pflanzen werden heute mit chemischen Schädlingsbekämpfungsmitteln gespritzt und nach der Ernte zur Vorbeugung gegen Ungeziefer gebeizt.
Freilandsamen entwickelt sich auch mit einer vorbeugenden Beizung zu einer Pflanze, aber wenn wir einen solchen Samen in der Sprossenzucht essen, gelangt die Chemikalie in unseren Körper. Wir essen den Samen nach einer geringen Keimzeit, deshalb gibt es keine Chance, daß sich dieser Stoff abbaut.
Auch Hülsenfrüchte und Getreide, die zum Verzehr bestimmt sind, kommen nur bedingt für die Sprossenzucht in Frage!
Die Reinigung von Getreiden und Hülsenfrüchten mit Wasser und Bürsten zum Beispiel beschädigen und halbieren die Früchte nicht nur, auch ihre Keimfähigkeit kann bis zu unter 80 % sinken. (S. Anhang »Die Ordnung unserer Nahrung«, Kollath [Seite 178 + 179].)
Bereits wenige *nicht* keimfähige Samen verderben das Milieu im Sprossenglas. Die Samen schlagen nicht aus, ihr Stärkeanteil beginnt zu faulen und zu gären, und so verdirbt der Geschmack der Sprossen. Es können sich Bakterien entwickeln.
Darum ist große Achtsamkeit beim Kauf des Samens für die Sprossenzucht geboten! Deshalb in Reformhäusern immer *ausdrücklich* nach Samen für die Sprossenzucht fragen.
Firmen, die sich auf diesen Samen spezialisiert haben, informieren Sie über Anbauweise, Keimfähigkeit und Alter des Samens, ja sie werben sogar mit diesen Informationen.

Nur aus der Garantie der besten Samenqualität können die wahren Sprossen wachsen – das Keimgemüse ohne Gift.

Geräte für die Sprossenzucht

1. Einmachgläser,
2. Plastikfliegendraht (Gaze) aus dem Haushaltswarengeschäft,
3. Gummiringe,
4. Moltontuch oder Fließpapier für die Züchtung auf feuchtem Tuch,
5. Bio-Snacky-Keimschale aus dem Reformhaus. Das praktische Stapelgerät ist prädestiniert für die Zucht der kleinen und schleimbildenden Samen. Wenn wir größere Samen in der Keimschale züchten wollen, müssen wir sie dringend 2mal täglich unter fließendem Wasser säubern und tränken. Beim Säubern fließen die sich bei der Sprossenzucht bildenden Gase ab. Das Tränken ist hier als Sauerstoffaufnahme zu verstehen.
6. Eine große Schüssel zum Waschen der Samen.
   Siebe in verschiedenen Größen, um die Sprossen zu waschen.
7. Gut verschließbare Gläser oder Plastikdosen zur Verwahrung im Kühlschrank.
8. Ein Britafilter aus dem Reformhaus zur Enthärtung des Wassers.

Alle in der Sprossenzucht verwendeten Geräte müssen peinlich sauber gehalten werden. Das beste ist, sie auszukochen, damit sich keine Bakterien bilden können. Vergessen wir nicht den Fliegendraht – er kann sogar in der Waschmaschine gesäubert werden.
Gazeverschlüsse aus Baumwolle und Mull sind für die Sprossenzucht nicht empfehlenswert. Sie saugen sich mit Wasser voll und werden muffig.

Die Bedeutung des Lichts in der Sprossenzucht

Meiner Erfahrung nach entwickeln sich die Sprossen der grünen Mungobohne z. B. bei normalem Tageslicht optimal.
Der Natur folgend jedoch liegt der Samen im dunklen Erdreich. Darum kommen wir zu ganz anderen Ergebnissen, wenn wir die Lichtverhältnisse ändern, indem wir unsere Sprossengläser mit einem Tuch abdunkeln. Experimentieren wir! Die Dunkelheit verlangsamt das Wachstum, verändert Geschmack und Färbung, so, wie das Licht Wachsen und Chlorophyllbildung forciert.
Wir lernen aus unseren Erfahrungen, und jeder von uns wird früher oder später genau wissen, bei welchem Licht er seine bevorzugten Sprossen züchtet.
Wir sind die Gärtner und auch die Gourmets!

Die Biochemie der Sprossen: vom Samen zum Keimling

Am Beispiel der Bohne

Bohnen sind in ihrem Urzustand harte, trockene Pakete aus Nahrungsenergie, die einen winzigen Embryo umhüllen. Der Stoffwechsel der Bohne ist kaum meßbar, aber vorhanden.
Unter der wasserundurchlässigen Schale verbirgt sich eine in der Anlage komplette kleine Pflanze mit ihrer Nahrung: Stengel mit Knospe, Keim und Keimblättchen, die Keimwurzel. Alle Pflanzenteile sind vorhanden.
Wenn Wasser, Sauerstoff und Wärme in der rechten Dosierung auf die Bohne einwirken, kann der Keimling mit seinem Pflanzenleben beginnen. Das Wasser dringt durch eine kleine Öffnung, die ganz in der Nähe des Nabels sitzt und Keimpore heißt, in den Samen. In dieser Phase des Aufsaugens verdoppelt die Bohne ihr Volumen. Die Quellung sprengt die Bohnenschale, und die im Samen ruhenden Bestandteile werden in eine Riesenaktivität versetzt. Die im Samen lagernden Enzyme übernehmen mit Wärme, Sauerstoff und Wasser die chemische Umsetzung, und das Wachstum beginnt.
Dabei wird der zunehmende Bedarf an Energie und die Bildung

von neuem Gewebe durch den Verbrauch der Reserven gedeckt. Das gespeicherte Protein wird in seine Aminosäurenkomponenten zerlegt. Viele Vitamine entstehen neu, vor allem die wasserlöslichen B-Vitamine und das Vitamin C. Fette werden in fettlösliche Stoffe und Kohlehydrate in einfache Zuckerarten umgewandelt. Dabei wird Nahrungsenergie als Kalorie verbraucht. Mit der starken Zunahme der Stoffwechselaktivität im Keim steigt der Anteil der Vitamine und Mineralien; die Spurenelemente ketten sich in eine wertvollere Form. Wenn wir Bohnensprossen essen, gerade wenn ihre spitzen Blättchen herausgetreten sind, profitieren wir von der geballten Nahrungsenergie, die in dieser Anhäufung nie wieder im späteren Leben der Pflanze vorkommt. Warten wir nicht, bis die Blättchen voll entwickelt sind, denn dann ist die Nahrungsenergie in der Bohne aufgebraucht. Die Pflanze ernährt sich nun durch Wurzel und Blatt.

Tabellen über die Steigerung des Nährstoffgehaltes in der Sprossenzucht

(entnommen dem Buch von Claude Aubert »Das große Buch der biologisch-gesunden Ernährung«)

Nährstoffgehalt im Weizen und in Weizen-, Luzernen- und Sojakeimen (mg/100 g)

	Weizen	Weizenkeime (getr.)	Luzernenkeime (getr.)	Sojakeime* (frisch)
Proteine %	12,1	25,2	20	6
Kalzium	41	90	1750	50
Phosphor	372	1100	250	65
Magnesium	120	400	310	–
Eisen	3,3	8	35	1,2
Kupfer	0,17	1,3	2	–
Vitamin A	0,12	–	13,2	–
Vitamin B_1	0,55	1	0,8	0,23
Vitamin B_2	0,12	2,5	1,8	0,2
Vitamin B_3	4,3	5	5	0,8
Vitamin C	0	1	176	10

---

* Der hier für Sojakeime angegebene Nährstoffgehalt ist wesentlich geringer als der von Weizen- und Luzernenkeimen; dies ist leicht zu erklären: die Berechnung bezieht sich auf frische Sojakeime, sie enthalten 86 % Wasser, während die beiden anderen Keime getrocknet nur noch 10 bis 12 % Wasser enthalten.

Vitamingehalt der Körner vor und nach 5 Tagen Keimzeit (Gehalt in mg/kg)

Sorte	Vitamin B_2 (Riboflavin)		Vitamin B_3 (Niacin)		Vitamin B_1 (Thiamin)		Vitamin H (Biotin)	
	nicht keimend	keimend	nicht keimend	keimend	nicht keimend	keimend	nicht keimend	keimend
Gerste	1,3	8,3	72	129	–	7,9	0,4	1,2
Mais	1,2	3,0	17	40	6,2	5,5	0,3	0,7
Hafer	0,6	12,4	11	48	10,0	11,5	1,2	1,8
Sojabohne	2,0	9,1	27	49	10,7	9,6	1,1	3,5
Limabohne	0,9	4,0	11	41	4,5	6,2	0,1	0,4
Mungobohne	1,2	10,0	26	70	8,8	10,3	0,2	1,0
Erbse	0,7	7,3	31	32	7,2	9,2	–	0,5

Sprossenfamilien

Es vereinfacht die Sprossenzucht, wenn wir die Samen nach ihrem Keimverhalten ordnen und nicht nach biologischen Prinzipien.
Es ergibt sich folgende Ordnung:

1. **Kleine Samen**
   (Luzerne, Senf, Sesam, Rettich, Hirse, Bockshornklee)

Sie alle wachsen schnell, sind von klarem, herzhaftem Geschmack und beleben mit ihren Aromastoffen unseren Organismus. Außer der Luzerne, die einen schmackhaften Salat ergibt, sind die übrigen Sprossen mehr Zutat für Suppen, Salate, Vorspeisen und Eintöpfe.

2. **Getreide und Sonnenblumenkerne**
   (Weizen, Roggen, Gerste, Reis, Hafer und Sonnenblumenkerne)

In zwei Tagen entsprießen dem Getreidekorn Wurzel und Keim, und wir sollten diese Sprossen nur essen, solange sie ganz jung und zart sind und Keim und Würzelchen nicht länger sind als das Korn selbst. Der milde, süßliche Geschmack fügt sich in jedes Gericht, vor allem in Salate.

3. **»Weiche« Hülsenfrüchte**
   (Linsen, grüne Sojabohne)

Die Mungobohne ist die Königin der Sprossen – sie ist unkompliziert zu züchten und hat einen Erbsgeschmack. Die Sojabohne läßt sich wegen der leichten Handhabung in großen Mengen züchten, z. B. in einem durchlöcherten Eimer, der von oben gewässert wird.

4. **»Harte« Hülsenfrüchte**
   (Garbanzo, bzw. Kichererbse, Gartenerbse, gelbe Sojabohne)

Bohnen und Erbsen sind die nahrhaftesten Sprossen. Der Geschmack variiert von süßer Erbse bis zu nußartiger Kichererbse und milder Sojabohne.

> *Anmerkung:*
> Harte Hülsenfrüchte enthalten Spuren des leicht giftigen Phasins. Sie sollten kurz gedünstet werden.

5. **Schleimbildende Samen**
(Kresse und Leinsamen)

Diese Samen ummanteln sich beim Einweichen mit einer glibberigen Masse. Sie wachsen am besten in der offenen Bio-Snacky-Keimschale, auf feuchtem Moltontuch oder Fließpapier und schmecken würzig und scharf.

6. **Samen mit unverdaulichen Hülsen**
(Buchweizen, Kürbis, Mandel)

Nach dem Sprießen werden die Hülsen entfernt.
Die Keime unter dem unverdaulichen Mantel haben besonders milde, nußartige Geschmacksvarianten.

Die Praxis der Sprossenzucht

Bevor der schlummernde Keim zum Leben erwacht, müssen vier Voraussetzungen erfüllt sein:

1. Licht
2. Feuchtigkeit
3. Temperatur
4. Sauerstoff – Luftzirkulation.

Sprossen lieben weiches, indirektes Licht; wir können die Gläser mit einem Tuch abdunkeln, um die Situation im Erdreich zu simulieren.
Sollte die Temperatur ein wenig schwanken und den Mittelwert von 21 Grad unter- oder überschreiten, dauert die Sprossenzucht länger oder sie beschleunigt sich. Unbedingt konstant muß die Luftzirkulation im Glas sein.
Bei heißem Wetter müssen die Sprossen *dringend* öfter gespült und gegossen werden. Wenn sie sich sehr stark im Glas ausbreiten, ist es auch ratsam, sie über einem Sieb zu waschen, damit sie Sauerstoff aufnehmen.

Grundregeln

1. Wir halten die Sprossen feucht – nie naß.
2. Wir sorgen für eine gleichmäßig warme Umgebung von 21 Grad.
3. Wir spülen die Sprossen regelmäßig, d. h., möglichst immer zur gleichen Zeit, mindestens zweimal am Tag.
4. Wir achten darauf, daß sie sich ausreichend im Glas ausdehnen können und genügend Sauerstoff zur Atmung haben.
5. Im Winter, wenn wir die Temperatur von 21 Grad aus Sparsamkeitsgründen nicht halten können, decken wir die Gläser mit einer wärmenden Decke ab.

Wenn wir reichlich Sprossen züchten, lohnt sich ein alter umgebauter Schrank mit einer wärmenden Glühbirne.

Ursachen, warum Samen nicht keimen

1. Die Samenqualität entspricht nicht den Anforderungen oder der Samen ist zu alt, verletzt, bzw. falsch gelagert.
2. Die Samen sind in den Keimgefäßen zu trocken gehalten.
3. Die Samen faulen, weil sie chemisch behandelt wurden, oder wir haben sie zu feucht gehalten.
4. Die Samen gehen nicht auf, weil die Temperatur zu niedrig ist.
5. Die Samen entwickeln zu viele Gase:
   a) mangelhafte Belüftung
   b) sie sind nicht sorgfältig gewässert
   c) sie sind zu dicht in das Gefäß gepreßt
   d) die Temperatur ist zu hoch.
6. Die Samen haben zuviel Licht.
7. Die Sprossen haben kein reines Wasser.
8. Die Sprossen wachsen in einem Metallgefäß.
9. Im Sprossengefäß oder in der Gaze haben sich Bakterien angesammelt.

Für die ersten Schritte der Sprossenzucht zeige ich Richtlinien aus meiner Erfahrung.

Aber jeder Samen ist einmalig wie jedes Lebewesen und kann sich auch abweichend verhalten. Darum sind meine Ratschläge Modelle, die durch eigene Erfahrungen ergänzt werden müssen. Wir haben dem Sprossengärtner am Schluß des Buches Platz für eigene Eintragungen gelassen, und es wäre wunderbar, wenn wir unsere Erfahrungen austauschen könnten.

Das Wasser in der Sprossenzucht

»*Das Wasser braucht nicht den Fisch, um zu sein, aber der Fisch braucht das Wasser, um zu sein.*«   Chinesisches Sprichwort

Und so braucht auch der Samen das rechte Wasser, um zu sein.
Wasser ist ein Lebensmittel der Sprossen, und es bedarf der Überlegung, wie wir das beste Wasser für ihr Wachsen finden können. Gerade beim Einweichen, in der Aufsaugperiode, ist *reines* Wasser ganz besonders wichtig.
Ohne Panik machen zu wollen – wir hören doch immer öfter, daß unser Trinkwasser sich mehr und mehr verschlechtert.
Wie in so vielen Situationen ist auch hier die Eigeninitiative der Grundgedanke.
Wenn wir also dem Trinkwasser gegenüber Bedenken haben, sollten wir das *Einweichwasser*, nicht das Tränkwasser abkochen. Wir können das Wasser auch mit dem Britakohlefilter aufbereiten oder Quellwasser verwenden.
Das Filtern entfernt Karbonate (Kalksalze) und reduziert die Wasserhärte.

> *Anmerkung:*
> Zum Einweichen von Körnern und Hülsenfrüchten, in der sogenannten Körnerküche, zum Blanchieren von Gemüse und für Suppen, wähle ich gefiltertes Wasser. Tee und jedes andere Getränk gewinnt mit der Wasserqualität. Das weiß jeder Gourmet.

Die Sprossenzucht am Beispiel der Mungobohne

1. Tag, abends:

Wir waschen eine Tasse Sojabohnen in stehendem Wasser. Schmutzteile und leere Hülsen schwimmen nach oben. Wir geben die Bohnen in ein flaches Gefäß und übergießen sie mit 8 Tassen gefilterten Wassers.

2. Tag, morgens:

Die Bohnen sind mächtig aufgebläht – vollgepumpt mit Wasser; ihre Größe hat sich nahezu verdoppelt. Kein Wunder, ihr Wassergehalt ist von 6–12 % auf ca. 70 % angestiegen. Bläschen an der Oberfläche des Wassers verdeutlichen die Aktivitäten. Mit der Aufnahme des Wassers ist auch Sauerstoff in den Samen gedrungen. Der Umwandlungsprozeß hat begonnen.

> Das Einweichwasser hat Nährstoffe aus dem Samen aufgenommen – nicht fortgießen, sondern für Tees, Suppen oder als hochwertiges Blumenwasser verwenden.

Nun können die Bohnen in der flachen Schale gut verlesen werden, denn sollte ein Samen nicht angeschwollen sein, ist er nicht keimfähig. Er muß herausgenommen werden, sonst fault er in der Feuchtigkeit des Glases und verdirbt das Klima.
Nun füllen wir die Bohnen in ein 1½-Liter-Weckglas und verschließen es mit Fliegendraht und Gummiring. Das Glas wird schräg auf ein Ablaufbrett gestellt, mit der Öffnung nach unten, damit Sauerstoff einströmt und verbleibendes Tropfwasser herausläuft – so ist es perfekt.

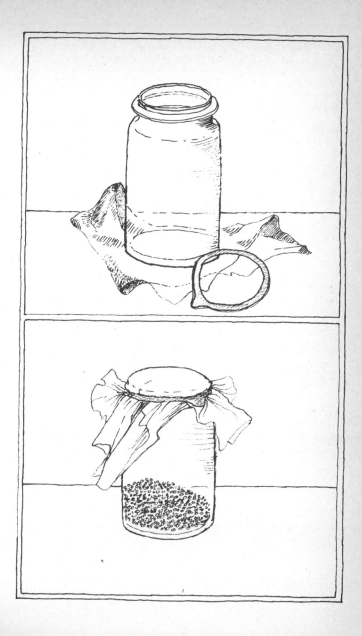

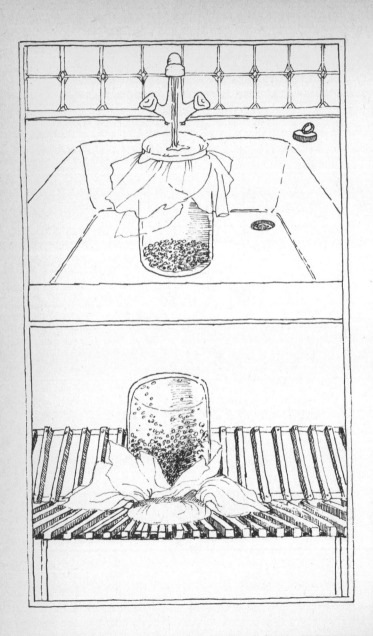

2. Tag, abends:

Wir gießen Wasser durch die Gaze in das Glas und spülen die Bohnen kräftig durch. Die Keime bleiben einige Minuten im Wasser und pumpen sich dadurch mit Feuchtigkeit auf. Das Wasser wird abgegossen und das Glas wieder schräg auf dem Ablaufbrett plaziert bis zum Morgen. Das Wunder veranschaulicht sich immer mehr. Die ersten Würzelchen bohren sich durch die »Samenpakete«, und die Schalen sitzen darauf wie Hütchen.

3. Tag, morgens:

Die Bohnenkeime wachsen unglaublich. Wie am Vortag, spülen und wässern wir die Bohnen, gießen das Wasser ab und bringen die Gläser wieder gestürzt in Kippstellung – der Fliegendraht zeigt nach unten.

3. Tag, abends:

Wir spülen, wässern und kippen. Unvorstellbar, wie das Glas zuwächst!

4. Tag, morgens:

Es wuchert im Glas – jetzt müssen wir unsere Früchte kosten. Welch süßer Erbsgeschmack – die kleine Frucht ist noch frischer und knackiger als zarteste Gartenerbsen!
Die Sprossen werden gespült und gewässert.

4. Tag, abends:

Wir stellen die Sprossen in die Kipplage. Die Sprossen sind auch tagsüber enorm gewachsen. Sie werden weitergepflegt.
Sie scheinen das Glas zu sprengen! ... Wir ernten.

5. Tag, morgens:

Die Sprößlinge werden zum letzten Mal unter fließendem Wasser gewaschen. Langen wir zu! Guten Appetit!

Dieser Ablauf, wie am Beispiel der Mungobohne, läßt sich auf alle anderen Samen übertragen, wenn wir den Tabellenangaben zu den einzelnen Samen folgen.
Unsere Sprossen werden wunderbar gedeihen!

Bei einer Mißernte: Geduld und Übung machen den Meister.

Anmerkung:
Das Spülwasser sollte immer handwarm sein – Sprossen sind empfindlich.
Nur im Sommer ist kaltes Wasser angebracht, weil höhere Temperaturen das Wachstum beschleunigen, aber auch die Gasbildung anregen.

Die Ernte

Wir sind Gärtner! Mit den Keimfrüchten haben wir uns von entfremdender Nahrung losgesagt.
Wir taten unser Bestes und bringen unsere Ernte ein. Alle Sprossen, außer den Erbsen, können roh gegessen werden. Das ist wichtig für die Erhaltung der Vitalstoffe, vor allem für die Enzyme, die nur lebend unseren Stoffwechsel beeinflußen können. Schon bei 60 Grad sterben sie ab.
In dichten Plastikdosen halten sich Sprossen bis zu vier Tage im Kühlschrank. Sie können dort weiterwachsen. Dabei gehen wir jedoch das Risiko ein, daß die Sprossen im Stadium des höchsten Nährwertes Vitalstoffe für ihr weiteres Wachstum einbüßen.
Wenn wir die Sprossen täglich kalt spülen und sie wieder in den Eisschrank stellen, bleiben sie frisch. Seien wir aufmerksam und beobachten den Geschmack, er verändert sich während der Lagerung. Frische Sprossen sind eben das Größte!
Vor uns breiten sich strahlend die frisch geernteten Sprossen aus – eines der natürlichsten, lebendigsten Lebensmittel. Das ist

nicht wie der Griff in die Kühltruhe oder das Öffnen einer Konserve. Wir verabschieden die chemisch behandelten, homogenisierten, pasteurisierten, konservierten, steril verpackten und genormten »Nahrungsmittel«.

Die Sprossenküche

Wir halten uns an die Empfehlungen der Getreideküche und verbannen möglichst *alle* industriell produzierten Nahrungsmittel aus unserer Küche.
»Laß deine Nahrung so natürlich wie möglich«, sagt Professor Kollath, der bedeutende Ernährungsforscher. Damit sind wir nicht nur aufgefordert, auf denaturierte Nahrung zu verzichten, sondern auch, unsere Lebensmittel nicht durch unnötig lange Lagerung und Erhitzung zu entwerten.
Seit den erschreckenden Berichten über unsere angegriffene Gesundheit empfehlen immer mehr Ernährungswissenschaftler einen täglichen Rohkostanteil. Sprossen in einem abgestimmten Austausch mit Wurzelgemüsen sind eine unübertreffliche Rohkost. Vor allem im Winter, wenn das Marktangebot begrenzt ist, bieten uns Keimlinge wertvolle Frische.
Die Sprossen der Gruppe der Erbsen und schweren Bohnen sollten gedünstet werden. In einem kleinen Sieb aus rostfreiem Stahl garen sie in ca. 10 Minuten schonend, ohne an Geschmack und Kraft zu verlieren.
Wir essen Sprossen mit Würzelchen und Schale. Die Schalen gehören zur Ganzheit der Frucht; sie enthalten wichtige, sich nur im Verbund entwickelnde Stoffe. Machen wir es nicht so, wie mit dem geschälten Getreide – erst entfernen wir die kostbaren Randschichten und später kaufen wir Kleie und Vitamintabletten. Denaturierte Nahrung hat das Empfinden für das Reine und Natürliche verschüttet. Mit Sprossen werden wir eine neue Geschmackssensibilität entwickeln – Renaissance auf der Zunge!
Es ist nicht mehr zu verheimlichen: Ich bin ein »Sprossenfan« und habe jedes Rezept in diesem Buch neu für uns entdeckt.

Aber: Ich liebe es, den eindeutigen, klaren Geschmack der kleinen Pflanze durch *nichts* zu stören!

Zu den Rezepten:

Zum Kennenlernen der Sprossen ist es wichtig, sie mit der uns vertrauten Kost abzustimmen – wir streuen sie in kleinen Portionen wie eine Würze in unsere Salate oder geben sie in Suppen und Eintöpfe. Wenn wir uns an den Geschmack gewöhnt haben, findet ganz allmählich eine Veränderung in uns statt.

Geräte für die Sprossenküche

1. Ein Mixer.
   In vielen Rezepten ist das Mixen, das Zerkleinern von Gemüsen, angegeben.
   Pürierte Hülsenfrüchte und Gemüse geben unserer Küche nicht nur eine Reihe neuer Möglichkeiten. Pürees entlasten unsere Verdauung auch und erleichtern die Umstellung auf eine neue Kost.
2. Ein Dörrex-Trockengerät aus dem Reformhaus. Zum Trocknen von Getreide-, Soja- und Linsensprossen und zur Herstellung des Sonnenbrotes (s. Rezepte).
3. Ein verchromtes Metallsieb zum Garen der Sprossen über Wasserdampf.

Die Kleinen Samen
(Luzerne, Senf, Sesam, Rettich, Hirse, Bockshornklee)

Die Luzernensprosse (Alfalfa)

Die Luzerne war bis vor kurzem nur als Viehfutter bekannt. Aber seitdem amerikanische Forscher sie zu Sprossen züchteten und ihren enormen Nährwert entdeckten, sind sie geradezu berühmt. Kein Wunder –

> eine halbe Tasse Luzernensprossen enthält den gleichen Vitamin-C-Gehalt wie 6 Gläser frisch gepreßter Orangensaft.

Der Name Alfalfa kommt aus dem Arabischen und hieß ursprünglich »gutes Futter«. Als die Araber herausfanden, daß sie selbst von diesem wunderbaren Grün profitieren konnten, gaben sie ihm den Namen »Vater aller Nahrung«. Alfalfa ist außergewöhnlich stark und vital und entwickelt eine extrem kräftige Wurzel bis zu einer Tiefe von 30 Metern. Sie kann *4 Kilometer* lang wachsen.

Luzernensamen stehen an der Spitze mit dem höchsten Mineraliengehalt. Wer feste Muskeln, gute Knochen und Zähne will, sollte viel Luzernensprossen essen. In Amerika werden Vitamintabletten aus Luzernensamen hergestellt. Bei Arthritis und rheumatischen Leiden können wir uns selbst helfen, indem wir einen Eßlöffel Alfalfasamen in einem Liter Wasser aufkochen und 3mal täglich davon trinken. Kein anderer Samen erhöht beim Keimen die Qualität seiner Inhaltsstoffe so sehr wie der Luzernensamen.

Luzerne — Medicago sativa

> **Inhaltsstoffe**
>
> Der Proteingehalt von 35% wandelt sich beim Keimen in Aminosäuren mit allen essentiellen Anteilen.
> Der Prozentsatz der Vitamine C, D, E, K, U, B_1, B_2, B_3, B_{12} erhöht sich.
> Phosphor, Calcium, Aluminium, Silizium, Schwefel, Magnesium, Soda und Kobalt werden in eine für den Organismus leichter aufnehmbare Form umgewandelt.
> Luzernen bilden viel Chlorophyll und enorm viele Enzyme.

> **Vom Samen zur Sprosse**
>
> Keimmethode: Im Glas
> Einweichzeit: 4–6 Stunden
> Temperatur: 21 Grad
> Spülen und Wässern: 2mal täglich
> Ernte: nach ca. 5 Tagen
> Länge des Keims: ca. 3 cm
> Ertrag: 3 EL Samen füllen ein 1½-l-Weckglas mit Sprossen

Zur Steigerung des Chlorophylls breiten wir die Sprossen in einer flachen Schüssel aus, bedecken sie mit einem Plastiktuch, damit sie nicht zuviel Feuchtigkeit verlieren, und stellen sie ein paar Stunden ans helle Licht. In kurzer Zeit vermehren die Blättchen das tiefgrüne Chlorophyll. Der herbe Geschmack und die zarte Erscheinung der Pflanze sind eine Besonderheit.

Die Küche der Luzernensprosse

Die Sprossen würzen Salate und Suppen wie Kräuter. Ein Stück Brot mit sahniger Butter bestrichen, eine Schicht Quark, eine Lage Luzernensprossen – das ist ein Genuß und außerdem eine Ladung voller Vitalität.
Wir können Früchte und auch Pfannkuchen mit Luzernen füllen; raffiniert ist es, die Herbheit in Süße zu fassen.

Luzernensprossen mit Pfirsichmus

6 überreife mittelgroße Pfirsiche
4 Tassen Luzernensprossen
Sirup:
1 EL Butter
3 EL Honig
1 Gläschen Calvados
1 Gläschen Kräuterlikör
1 Töpfchen süße Sahne, steifgeschlagen
2 EL Sonnenblumensprossen, geröstet

Wir tauchen die Pfirsiche kurz in kochendes Wasser, damit wir die Haut besser abziehen können und schneiden sie in Scheiben. Für den Sirup die Butter in einem Töpfchen zerlassen, Honig und Alkohol dazugeben und alles bei kleiner Flamme 10 Minuten einkochen lassen.
Wir verteilen die Obstscheiben in einer flachen Schale und übergießen sie mit dem heißen Sirup ... nun muß alles gut durchziehen. Nach 4 Stunden können wir diesen Schmaus servieren, und zwar mit den taufrischen Sprossen, der Sahne und den Sonnenblumenkernen.
Die Fülle der verschiedenen Geschmäcker verzaubert!

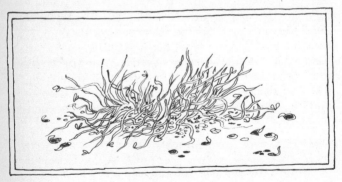

Luzernensprossen

Geraspelter Blumenkohl mit Aprikosenmus und Luzernen

1 mittelgroßer Blumenkohl,
geraspelt
Salatsauce:
12 getrocknete Aprikosen,
12 Stunden geweicht

2 EL Nußöl, kaltgeschlagen
grober Pfeffer aus der Mühle
1 Tasse Luzernensprossen
2 EL grüne Kürbissprossen

Wir zerkleinern und pürieren die geweichten Aprikosen, rühren sie im Öl weich und schmecken sie ab.
Den geraspelten Blumenkohl auf Schalen verteilen, die Luzernensprossen darüberstreuen, die Sauce mit den Kürbissprossen garnieren und getrennt dazu reichen.

Variation:
Wir ersetzen das Öl in der Sauce durch 3 EL süße Sahne.

Geraspelter Sellerie mit Luzernensprossen

1 kleine Sellerieknolle,
geraspelt
3 EL Zitronensaft
2 Tassen Luzernensprossen
Tomatensauce:
4 kleine Tomaten
1 kleine Zwiebel, in feine
Würfel geschnitten

½ Knoblauchzehe, gepreßt
Meersalz
(so wenig wie möglich)
2 EL Olivenöl, kaltgeschlagen
1 Prise Cayennepfeffer
frisches Basilikum
oder: 1 Prise Thymian

Den geraspelten Sellerie sofort mit Zitrone beträufeln und dann im Mixer die Salatsauce bereiten, indem alle Zutaten, mit den Tomaten beginnend, aufgeschlagen werden.
Wir verteilen den Sellerie auf vier Teller, bedecken ihn mit den zarten Sprossen und geben dann am Tisch die frische Sauce dazu. Haben wir Basilikum, so schmücken wir die Teller mit je einem kleinen Blättchen des herben Krauts oder mischen die Prise Thymian in die Sauce.

Der Senfkeimling

Senfsamen ist eine scharfe Würze, doch gesprosst variiert der Geschmack und wird sogar mild.
Senfsprossen heilen Darmkrankheiten und Hautausschläge, vor allem aber regenerieren sie die Darmflora nach dem Gebrauch von Antibiotika.

Steigerung der Inhaltsstoffe

30% Fett wandeln sich in fettlösliche Stoffe.
Steigerung der Enzyme.

Vom Samen zur Sprosse

Keimmethode: im Glas
Einweichzeit: 6 Stunden
Temperatur: 21 Grad
Spülen und Wässern: 2mal täglich
Ernte: nach 2 Tagen
Länge des Keims: 3-4 mm
Ertrag: 2 EL Samen ergeben 3 EL Sprossen

Senfsprossen in der Küche

Senfsprossen regen die Verdauung an.
Sie entwickeln in Salaten, Suppen und Eintopfgerichten originelle Geschmacksverbindungen.

Senfsprossenmayonnaise

1 Eigelb
½ Tasse Sonnenblumenöl, kaltgeschlagen

1 EL Senfsprossen
2 EL Crème fraîche

In das cremig gerührte Ei tropfenweise das Öl einschlagen, bis eine feste Masse entsteht (Ei und Öl müssen die gleiche Temperatur haben). Die Crème fraîche untermischen und die Mayonnaise mit den Sprossen abschmecken.
Eine ideale Ergänzung zu Schellfisch und gekochten Eiern! Die schwere Mayonnaise wird durch die Wirkung der Sprossen bekömmlicher.

Rote-Bete-Salat mit Senfsprossen auf Chinakohlblättern

4 Chinakohlblätter
1 kleine rote Bete, geraspelt
1 Boskopapfel, in Stifte geschnitten
Sauce:
1 EL Zitronensaft

2 EL Sonnenblumenöl, kaltgeschlagen
Meersalz
(so wenig wie möglich)
2 EL Senfsprossen

Die rote Bete sauber bürsten, raspeln und mit den Apfelstiften vermischen.
Die verrührten Saucenzutaten werden sofort über den Salat gegossen, damit sich die Geschmacksstoffe gut verbinden.
Wir übergießen die Chinakohlblätter kurz mit kochendem Wasser, legen sie auf 4 Teller und garnieren die blaßgrünen Kohlblätter mit dem leuchtend-rotvioletten Salat.
Vor dem Essen besprenkeln wir den Salat mit den Senfsprossen.
Welch strahlende Appetitlichkeit!

Senfsprossen und Feigen in Feldsalat

3 Handvoll Feldsalat
3 getrocknete Feigen, fein gewürfelt
1 kleines Glas Weißwein
1 Zwiebel, in Ringe geschnitten
Salatsauce:
2 EL Walnußöl, kaltgeschlagen

2 EL Zitronensaft
Meersalz
(so wenig wie möglich)
1 Prise gemahlener Fenchelsamen
2 EL Senfsprossen

Wir richten den gewaschenen und abgetropften Feldsalat auf einer Schale an. Inzwischen die zerkleinerten Feigen 15 Minuten lang im Weißwein ziehen lassen.
Anschließend streuen wir Feigen und Zwiebelringe, die wir in etwas Walnußöl gebräunt haben, über den Salat. Die Saucenzutaten verrühren, sofort über den Salat gießen und gut durchmischen.
Was kann besseres passieren als die herben Senfsprossen nun auf die süßen Feigen wirken zu lassen?
Ich empfehle den Salat zu einem überkrusteten Gerstenauflauf.

Weißkohlsalat mit Senfsprossen

4 Tassen Weißkohl, in feine Streifen geschnitten
2 EL Öl, kaltgeschlagen
1 Boskopapfel, in feine Streifen geschnitten
2 Scheiben Lachs, in feine lange Streifen geschnitten

Salatsauce:
½ Tasse saure Sahne
2 EL Öl, kaltgeschlagen
1 EL Weinessig
2 EL Zitronensaft
1 EL Honig
2 EL Senfsprossen, 2 Tage gesprossen

In einer Schüssel den Kohl mit dem Öl weich und geschmeidig stampfen.

Mit einer Gabel die Apfelstifte und den Lachs unterziehen. Wir übergießen den Salat mit der verquirlten Sauce. Die Senfsprossen nehmen dem Kohl das Schwerverdauliche und verblüffen durch ihre Herzhaftigkeit.
Eine weiche Polenta ist eine willkommene Ergänzung zu diesem Salat.

Würzige Bananensauce mit Senfsprossen

3 Bananen, püriert
ein Spritzer Orangenlikör
1 EL Butter
½ Tasse Sonnenblumensprossen
1½ EL Senfsprossen
1 Prise Cayennepfeffer
Meersalz
(so wenig wie möglich)
1 TL Honig

Die reifen Bananen werden püriert und mit einer Spur Orangenlikör abgeschmeckt.
In einer kleinen Kasserolle rösten wir die Sonnenblumensprossen in der Butter und würzen mit den fehlenden Zutaten.
Die Creme sollte gut durchziehen – eine Traumsauce!

Senfsprossen

Senfsprossenbutter

125 g Butter
Meersalz nach Geschmack
2 EL gehackte Petersilie
2 EL Senfsprossen, fein gehackt
einige Tropfen Zitronensaft

Wir vermischen die Butter mit allen Zutaten und würzen mit ein wenig Zitronensaft.
Diese Senfbutter ist eine tolle Erfindung zu Schellfisch – wer denkt da noch an eine »Stippe« mit Mehl!

Johannisbeersauce mit Senfsprossen (Cumberlandsauce)

2 Schalotten, sehr fein gehackt
1 EL Butter
1 Tasse Johannisbeergelee (Diabetikergelee)
Saft einer halben Orange
Schale einer halben Orange, unbehandelt und grob gerieben
1 EL Zitronensaft
Schale einer halben Zitrone, unbehandelt und grob gerieben
2 EL Portwein
2 EL Senfsprossen
1 Prise Cayennepfeffer
1 Prise Ingwer

Wir dünsten die Schalotten in der Butter glasig und streichen sie zusammen mit dem Gelee durch ein Sieb, damit sich beides gut vermischt. In einer Schale die restlichen Zutaten verquirlen und würzen.
Die Sauce ist eine der klassischen Ergänzungen zu Wild. Ich darf sie hier vorschlagen als eine Kreation zu Rotkohlsalat oder, bei einer etwas festeren Konsistenz, zu Buchweizenpfannküchlein!

Variation:
Wir ersetzen das Johannisbeergelee durch Apfelpüree.

Das Senfpflänzchen

> **Vom Samen zum Pflänzchen**
> Keimmethode: auf angefeuchtetem Tuch
> Einweichzeit: 12 Stunden
> Temperatur: 21–26 Grad
> Wässern (Besprenkeln): 2mal täglich
> Ernte: nach 6–12 Tagen
> Höhe der Pflanzen: 2–4 cm

Die Küche der Senfpflänzchen

Die stark chlorophyllhaltigen Senfsprößlinge bringen Sonne und Wärme. Sie schenken uns mitten im kalten Winter eine pikante Sommerwürze.

Das Senfpflänzchen ist sehr ergiebig in seinem scharfen, durchdringenden Geschmack. Schon eine winzige Portion muntert Gerichte auf.

Eierspeisen, Saucen und Suppen nehmen die Würze der Pflänzchen gern auf.

In der Regel ist es so mit den Senfpflänzchen: Sie heben den Geschmack einer Speise, aber sie erfrischen auch umgehend den »Esser«.

Senfsprossenpaste

3 EL Senfsprossen
1 Tasse Pinienkerne
1 Tasse alter Gouda, gerieben
5 EL Sonnenblumenöl, kaltgeschlagen

Meersalz
(so wenig wie möglich)
frisch gemahlener Pfeffer

In einem Mörser zerreiben wir die scharfen Senfpflänzchen zu einer grünen Creme. Die fehlenden Zutaten gleichmäßig in kleinen Portionen einarbeiten.

Sicher, dieses Einarbeiten in Schüben ist etwas mühsam. Doch der scharfe Geschmack der Senfsprosse verändert sich unangenehm, wenn sie in einer Maschine geschlagen wird.

Ich liebe diese Cremesauce als Füllung zu großen Kartoffeln, die in der Schale gebacken wurden.

Die Sesamsprossen

Erst als ich den Sesamkeim entdeckt hatte, wußte ich, welch köstliche und wertvolle Zutat in meiner Küche fehlte!
Heute ergänzen diese »Wundersamen« meine täglichen Mahlzeiten. Schon eine kleine Quantität versorgt mich mit vielen Inhaltsstoffen.

Die Steigerung der Inhaltsstoffe

Der Proteinanteil von 45% wandelt sich in Aminosäuren mit allen essentiellen Anteilen.
55% Fett mit 85% ungesättigten Fettsäuren wandelt sich in fettlösliche Stoffe.
Der Prozentsatz der Vitamine A, B_1, B_2, B_3 und E erhöht sich, Calcium, Phosphor, Magnesium und Lecithin wandeln sich in eine für den Körper leichter aufnehmbare Form.
Enzymvermehrung.

Vom Samen zum Keim

Keimmethode: im Glas
Einweichzeit: 4 Stunden
Temperatur: 21 Grad
Spülen und Wässern: 2mal täglich
Ernte: **nicht** später als nach 2 Tagen
Länge des Keims: der Keim sollte die Länge des Samens haben
Ertrag: 1 EL Samen ergibt 1½ EL Sprossen

Sesamsprossen in der Küche

Sesamkugeln

250 g trockener Quark
2 EL Kresse, feingehackt
1 TL Sesamöl, kaltgeschlagen
1 Spur Ingwer

1 EL Honig
Meersalz
(so wenig wie möglich)
4 EL Sesamsprossen

Mit leicht öligen Händen Quark und Würze vermischen und dottergroße Kugeln daraus rollen. (Wenn der Quark zu feucht ist, muß er in einem Leinentuch ausgedrückt werden.)
Wir panieren die Kugeln mit den Sesamsprossen und servieren sie auf knackigen Spinatblättern als Vorspeise.
Sesamkugeln sind auch eine leckere Einlage in einer klaren Gemüsebrühe. – Vorsicht, sie dürfen nur ganz sanft in der Brühe ziehen.

Möhrensalat mit Sesamsprossen

4 mittelgroße, geraspelte
Möhren
2 Stangen Staudensellerie, in
Halbmonde geschnitten
½ Tasse Sesamsaat,
gesprossen
Salatsauce:
1 Becher Joghurt

1 EL Sesamöl, kaltgeschlagen
1 EL Zitronensaft
1 TL Honig
1 Msp gemahlener Fenchel
1 Prise grob gemahlener
schwarzer Pfeffer
Meersalz nach Geschmack
3 EL Kresse

Möhren, Sellerie und Sesamsprossen in einer flachen Schüssel verteilen und mit den verquirlten Saucenzutaten übergießen. Geben wir den Möhrenraspeln Gelegenheit, die Sauce aufzunehmen und bedecken zum besseren Durchziehen, damit keine Inhaltsstoffe verloren gehen, die Salatschüssel mit einem Teller.
Als letztes schmücken wir den Salat mit der frisch geernteten Kresse und verzehren ihn genüßlich!

Die Hirsesprosse

Der kleine Samen, das perlige Körnchen, Hirse genannt – so die Überlieferung –, war die bevorzugte Speise am Hofe des Hunnenkönigs Attila.
Im Mittelalter wurde Hirse besonders häufig während der Fastenzeit gegessen. Sie lieferte Protein in der »fleischlosen Zeit«.

Die Steigerung der Inhaltsstoffe

Das Protein wandelt sich während des Keimvorganges in Aminosäuren mit allen essentiellen Anteilen.
Der Prozentsatz der Vitamine B_1 und B_2 erhöht sich.
Eisen, Phosphor, Fluor, Kupfer, Magnesium und Kalium wandeln sich in eine für den Organismus leichter aufnehmbare Form.
Steigerung der Enzyme.

Vom Samen zum Keim

Keimmethode: im Glas
Einweichzeit: 8 Stunden
Temperatur: 21 Grad
Spülen und Wässern: 2–3mal täglich
Ernte: nach 3 Tagen
Länge des Keims: 2 mm
Ertrag: 1 Tasse Samen ergibt 2 Tassen Sprossen

Hirsesprossen in der Küche

Wir streuen die Sprossen in Salate und Suppen oder mischen sie in Gemüseeintöpfe.
Beim Brotbacken ersetzen wir ein Viertel des Mehls durch Hirsesprossen.
Die Hirse süßt das Brot, bringt ihm weiche Feuchtigkeit und verleiht ihm einen geheimnisvollen Duft.

Hirsesprossenmüsli

2 Tassen Hirsesprossen
1 Tasse Haferflocken
1 geriebener Apfel (sauer)
2 EL Rosinen, geweicht
1 EL Sonnenblumensprossen

1 TL Honig
Zimt, Nelke, je ein Hauch
1 TL Zitronensaft
1½ EL Leinsamen
1 Tasse Sahne oder Joghurt

Wir vermischen die Zutaten in einer Schüssel und servieren das Müsli sofort auf kleinen Tellern. Die Sahne kommt als kleiner Berg obenauf. Diese Morgengabe mit dem frisch gemahlenen Leinsamen überpudern.

Ein Rat:
Kein Mittel heilt Hautkrankheiten so vollendet wie Hirsesprossen.

Rettichsprossen

Weißer und schwarzer Rettich gehören zur Familie des Senfs. Rettich ist teuer, doch es genügen wenige Sprossen, um einem Gericht die Klarheit des Rettichgeschmacks zu vermitteln.

Die Steigerung der Inhaltsstoffe

Der Prozentsatz der Vitamine A, B_1 und C erhöht sich in der Sprossenzucht.
Eisen und Phosphor werden in eine für den Organismus leichter aufnehmbare Form gebracht.
Steigerung der Enzyme.

Vom Samen zum Keim

Keimmethode: im Glas
Einweichzeit: 4 Stunden
Temperatur: 21 Grad
Spülen und Wässern: 2mal täglich
Ernte: nach ca. 2 Tagen
Länge des Keims: 3 mm
Ertrag: 1 EL Samen ergibt 3 EL Sprossen

Die Rettichsprosse als Würze in der Küche

Schaumiges Kartoffelpüree mit Rettichsprossen

*8 große Kartoffeln,
mehligkochend
1 Tasse Milch
2 EL Butter*

*2 Eigelb, 2 Eiweiß geschlagen
1 Tasse süße Sahne
Muskat
1 Tasse Rettichsprossen*

Die Ofenröhre auf 170 Grad vorheizen.
Die Kartoffeln in der Schale kochen und pellen. In einem guten Eisentopf wärmen wir eine Tasse Milch und zerstampfen die Kartoffeln darin vorsichtig. Dann geben wir in kleinen Portionen die Butter hinzu und ziehen den mit der Sahne verquirlten Eischaum unter. Seien wir achtsam, die Eier dürfen nicht stocken.
Mit den pikanten Sprossen und der Muskatnuß abschmecken. Zu guter Letzt füllen wir unseren Kartoffelschaum zum Überbacken in eine gut gefettete Form und warten, bis er eine feine Kruste von sanftem Braun gebildet hat (20 Minuten).

Der Bockshornklee

Mehr Gewürz, aber auch inhaltsreiche Sprosse, gehört Bockshornklee zu den Grundstoffen der Curry-Rezeptur.
Überall in der alten Heilkunde begegnen wir dem Bockshornklee, besonders zur Heilung von Darmgeschwüren und Infektionen.
Ein Gurgeltee auf der Basis dieses Samens lindert Halsentzündungen und desinfiziert.

Steigerung der Inhaltsstoffe

Der Proteingehalt von 29 % wandelt sich während des Keimens in Aminosäuren mit allen essentiellen Anteilen.
Der Prozentsatz des Cholins und der Vitamine A und C erhöht sich.
Das Eisen wird in eine für den Organismus leichter aufnehmbare Form gebracht.
Hoher Anstieg der Enzyme.

Vom Samen zur Sprosse

Keimmethode: im Glas
Einweichzeit: 5 Stunden
Temperatur: 18–21 Grad
Spülen und Wässern: 2mal täglich
Ernte: nach 1–2 Tagen
Länge des Keims: Der Keim sollte die Länge des Samens haben.
Ertrag: ¼ Tasse Samen ergibt 1 Tasse Sprossen

Achtung!

Bockshornkleesprossen sind sehr herb, und wir sollten sie schon während des Wachsens kosten, damit sie nicht zu intensiv im Geschmack werden. Schon nach kurzer Überkeimung kann die Sprosse bitter werden.

Würzen mit der Bockshornkleesprosse

Keine Würze zaubert den Orient so in unsere Töpfe wie Bockshornklee. Schon eine kleine Menge genügt. Die Dosierung verlangt viel Gefühl. Obst, Gebäck und Reisgerichte lassen sich durch dieses Gewürz auf das köstlichste verändern.

Gewürzreis

2 EL Butter
½ TL Safran, in Milch gelöst
3 EL Korinthen, geweicht
4 EL Sonnenblumenkernsprossen
2 EL Bockshornkleesprossen
1½ Tassen vorgeweichter Reis
1 TL Honig
1 Prise Zimt
4 Tassen angewärmtes Wasser

Die Butter in einem Eisentopf zerlassen und die Zutaten nacheinander hineingeben. Den Reis auf großer Flamme in den 4 Tassen Wasser aufkochen, eventuell noch einen kleinen Schub Wasser hinzugeben und die Flamme sehr klein stellen, um das Reisgericht in 45 Minuten ausquellen zu lassen.
Wenn wir den Deckel des Reistopfes bei Tisch öffnen, strömt uns ein aufregender Duft entgegen.

Gewürzomelett

5 Eier
5 EL Kichererbsenmehl
schwarzer Pfeffer, frisch gemahlen
1 EL Bockshornkleesprossen
1 große Prise Koriander
Meersalz (so wenig wie möglich)
2 kleine Zwiebeln, gerieben
2 EL gehackte Petersilie
1 Schuß Mineralwasser
3 EL Butter

In einer Küchenschüssel die Eier mit dem Schneebesen verschlagen und durch ein Sieb das Kichererbsenmehl überstäuben. Mit den fehlenden Zutaten würzen und das Mineralwasser aufgießen. Die Butter in einer Pfanne erhitzen und vom Rand her die Eimasse hineingießen.

Wir drosseln die Hitze und lassen das Omelett in geschlossener Pfanne ca. 3 Minuten stocken. Nun läßt es sich mühelos auf einen Teller schieben und wir können das Omelett wenden, um es zu Ende zu backen.

Zu dem sanftschmelzenden Gewürzomelett ist ein knackiger Salat das Tüpfelchen auf dem i.

Möhrencurry mit Bockshornkleesprossen

4–5 mittelgroße Möhren, in Scheiben geschnitten
½ Tasse Orangensaft
1 Tasse Wasser
Meersalz
(so wenig wie möglich)
3 EL Butter
3 EL Rosinen, geweicht
die Samen aus 4 Kardomomkapseln

1 TL Kurkuma
1 TL Senfsprossen
2 Nelken
1 TL Kreuzkümmel
1 Prise Cayennepfeffer
1 EL Bockshornkleesprossen
2 Bananen, in Scheiben geschnitten

Die Möhren im Orangen-Salzwasser 5 Minuten ankochen.
In einem schweren Eisentopf lassen wir die Butter aus, dünsten die Gewürze kurz an, gießen die Möhren mit dem verbleibenden Kochwasser zu. Für 15 Minuten köcheln.

Fünf Minuten vor dem Anrichten geben wir die Bananen in die exotische Speise.

Zum Möhrencurry gehört Reis, doch welch unerwarteter Genuß, wenn wir einem fremdländischen Gericht eine heimische Zutat, wie Kartoffelschaum oder körnig gekochten Roggen beigeben!

Getreide- und Sonnenblumen- kernsprossen

(Weizen, Gerste, Roggen, Hafer, Reis)

Weizensprossen

Steigerung der Inhaltsstoffe

Das Protein wandelt sich in Aminosäuren mit allen essentiellen Anteilen.
Fette wandeln sich in fettlösliche Stoffe.
Der Prozentsatz der Vitamine B_2, B_3, B_5, C und E erhöht sich, z. B. Vitamin C um 600% und das Fruchtbarkeitsvitamin E um das dreifache!
Eisen, Phosphor, Magnesium, Mangan und Zink wandeln sich in eine für den Körper leichter aufnehmbare Form.
Vervielfältigung der Enzyme.

Vom Samen zur Sprosse

Keimmethode: im Glas
Einweichzeit: 12 Stunden
Temperatur: 18–21 Grad
Spülen und Wässern: 2mal täglich
Ernte: nach 2–3 Tagen
Länge des Keims: Sollte die Länge des Korns erreicht haben.
Ertrag: 1 Tasse Körner ergibt 2½ Tassen Sprossen.

Die Küche der Weizensprosse

Wie vielfältig lassen sich doch Getreidesprossen roh, gedünstet oder geröstet in unseren Gerichten unterbringen!

Pikant-herbes Frühstücksgericht

2 Tassen Weizensprossen
1 geriebener Apfel
¼ Zwiebel, gerieben
1 Möhre, gerieben

1 EL Öl, kaltgeschlagen
½ TL Hefeflocken
1 EL Sesamsamen
3 EL süße Sahne, geschlagen

Wir vermischen alle Zutaten, verteilen sie auf vier Schalen und garnieren mit der Sahne.

Aprikosensalat mit Weizensprossen

8 entsteinte Aprikosen
(ersatzweise getrocknete
Aprikosen, geweicht)
2 Stangensellerie, in
feine Scheiben geschnitten
1 Apfel, in feine
Stifte geschnitten

1 EL Walnußöl,
kaltgeschlagen
2 TL Zitronensaft
1 TL Honig
1 Tasse Weizenkeime, kurz
geröstet

Die Aprikosen in feine Scheiben schneiden und mit den übrigen Zutaten vermischen. Wir verquirlen die Sauceanteile, vermengen sie mit dem Salat und lassen ihn im Kühlschrank gut durchziehen.
Bei Tisch streuen wir die gerösteten, warmen Weizenkeime über.

Ein Wink:
Mit diesem Salat läßt sich gut frühstücken. Er gibt viel Kraft für einen anstrengenden Tag.

Weizensprossen-»Hamburger«

1 Stange Porree, in feine
Ringe geschnitten
2 Tassen Weizensprossen
2 EL Öl, kaltgeschlagen
6 EL Quark

4 EL alter Gouda
1 Prise Kümmel
Meersalz
(so wenig wie möglich)

Den Ofen auf 170 Grad vorheizen.
Beginnen wir mit dem zarten Andünsten der Porreeringe und nutzen die Zeit des Auskühlens, um die Weizenkeime im Fleischwolf zu zerkleinern. In einer Schüssel vermischen wir alle fehlenden Zutaten. Mit leicht geölten Händen die »Hamburger« formen, die wir anschließend auf einem gefetteten Blech, je 15 Minuten von jeder Seite, oder in einer Pfanne im Fett, backen können!
Ein vollendeter Geschmack oder eine vollendete Täuschung – beide Komplimente sind angebracht.

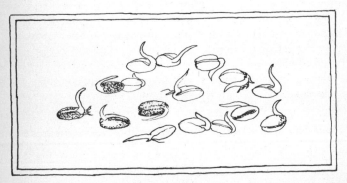

Gerstensprossen

Das Sonnenbrot

Ungewöhnlich – das könnte das Aroma der ersten Brotfladen gewesen sein, die in Urzeiten auf Steinen in der Sonne getrocknet wurden.

2 Tassen Weizensprossen oder eine Mischung aus verschiedenen Getreidekeimen

etwas Weizenmehl zum Bestäuben

Den Ofen auf 90 Grad vorheizen.
Wir drehen die Sprossen durch den Fleischwolf und kneten einen Teig. Dies ist mehr die Entwicklung eines Teiges, dem wir feine Prisen Mehl überstäuben und den wir langsam und behutsam bearbeiten. Das stützt den Geschmack und bringt die richtige Konsistenz fürs Ausrollen. Denken wir an eine Knäckebrotscheibe – so dünn soll das Sonnenbrot sein.
Der runde Fladen krustet auf geöltem Blech bei milder Hitze – auf beiden Seiten, jeweils ca. 30 Minuten. Die Ofenklappe ist leicht geöffnet.
Den wahren Geschmack entwickelt das Sonnenbrot, wenn wir es ganz langsam und beharrlich kauen!
Wenn wir den Wunsch haben, das Brot zu verändern, so gelingt es mit:

- einigen Tropfen Nußöl,
- mit gemahlenem Kümmel,
- mit gehacktem Fenchel,
- mit Nußsplittern und getrockneten Früchten.

Meine erste Gelegenheit, dieses archaische Brot zu kosten, war bei Freunden. Sie kredenzten es mit herbem Rotwein und Ziegenkäse ... die Fülle in ihrer Einfachheit.

Wildkräuterblätter mit Kresse

Wildkräutersalat
(aus selbstgesuchten Kräutern)

1 Handvoll Löwenzahn-
blätter,
auch einige Knospen
1 Handvoll Taubnesselspitzen
1 Handvoll Brunnenkresse
1 Tasse Weizenkeime
3 EL Sonnenblumenkerne,
2 Tage gekeimt
2 EL Sonnenblumenöl,
kaltgeschlagen

2 EL süßer Wein
1 Spur Weinessig
1 TL Honig
ein Hauch gemahlener Anis
und Fenchel
Meersalz
(so wenig wie möglich)

Wir waschen die Wildkräuter, trocknen sie sorgfältig und schneiden sie der Länge nach in grobe Streifen.

Die Sonnenblumensprossen in den Zutaten der Salatsauce pürieren und würzen.
Wildkräutersalat ist herzhaft;
die süßlichen Weizensprossen und die liebliche Sauce heben den ursprünglichen Geschmack hervor.

Gerstensprossen

In der Brotbäckerei wird die Gerste vom Weizen übertroffen, schafft doch sein »klebriger« Gluten einen griffigen Teig. Die Gerste ist die wichtige Grundsubstanz fürs Bier. Das Getreide wird angekeimt, getrocknet und anschließend für den Ansatz vermahlen.

Steigerung der Inhaltsstoffe

Das Fett wandelt sich während des Keimens in fettlösliche Stoffe.
Der Prozentsatz der Vitamine B_1, B_2, C und E erhöht sich.
Eisen, Magnesium, Phosphor, Zink, Mangan, Kalium und Kieselsäure werden in eine für den Organismus leichter aufnehmbare Form gebracht.
Hohe Anreicherung der Enzyme.

Vom Samen zum Keim

Keimmethode: im Glas
Einweichzeit: 12 Stunden
Temperatur: 18–21 Grad
Spülen und Wässern: 2mal täglich
Ernte: nach 2–3 Tagen
Länge des Keims: Sollte die Länge des Korns erreicht haben.
Ertrag: 1 Tasse Körner ergibt 2½ Tassen Sprossen.

Kochen mit Gerstensprossen

Gerstensprossen sind in Salaten, Suppen und im Müsli eine süßende Zutat. Knabbern wir immer ein paar Gerstensprossen, wenn uns nach Süßem ist!

> **Tip:**
> Gerstensprossen neutralisieren Säure im Körper.

Gerstenfüllung

60 g getrocknete Pilze, z. B. Shiitake
4 EL Butter
1 große Zwiebel, fein gewürfelt
250 g Champignons, in Scheiben geschnitten

5 EL Gerstensprossen
frisch gemahlener Pfeffer
Meersalz
(so wenig wie möglich)
2 EL Petersilie

Die getrockneten Pilze werden eine Stunde lang geweicht, in feinste Streifen geschnitten und im Einweichwasser 30 Minuten geköchelt. Zwischenzeitlich dünsten wir die Zwiebel und die Champignons in Butter und würzen.
Die Zutaten werden auf einem Brett ganz fein gehackt, bis eine Farce entsteht, die mit den Gerstensprossen angereichert wird. Wir können auch alle Zutaten, außer der Gerste, durch den Fleischwolf drehen – so wird die Füllung homogener.
Diese Farce entfaltet sich voll, wenn sie in Wirsingblätter gewickelt und in einer Tomatensauce im Rohr gegart wird. Keine Frage – diese Füllung ist keine Einschränkung, verglichen mit einer Fleischfarce. Sie schmeckt lecker, und wir empfinden kein Völlegefühl nach dem geliebten Krautwickel – welch ein Glück!

Gerstensprossensalat

1 Tasse Gerstensprossen
1 Tasse rote Bete, frisch
geraspelt
2 geraspelte Möhren
1 kleine Zucchini, in feine
Stifte geschnitten

Salat-Grundsauce von
Seite 187
2 EL feingehackter Dill

Die Salatzutaten vermischen und mit der klassischen Salatsauce übergießen.
Dann streuen wir den Dill über das herzhafte Gerstengericht.

Hafersprossen

In Amerika veröffentlichte das Landwirtschaftsministerium in Beltsville eine erfolgreiche Studie über unfruchtbare Kühe. Die Tiere wurden mit Hafersprossen gefüttert und gewannen nach kurzer Zeit ihre Fruchtbarkeit zurück.

Steigerung der Inhaltsstoffe

Das Protein wandelt sich in Aminosäuren mit allen essentiellen Anteilen.
Die Fette wandeln sich in fettlösliche Stoffe.
Der Prozentsatz der Vitamine A, B_1, B_2, B_3, E und C erhöht sich (Vit. C auf 600%!)
Jod, Silizium, Phosphor, Eisen, Kupfer, Fluor, Zink und Magnesium wandeln sich in eine für den Organismus leichter aufnehmbare Form.
Die Enzyme steigen hoch an.

Vom Samen zum Keim

Keimmethode: im Glas
Einweichzeit: 4 Stunden
Temperatur: 18–21 Grad
Spülen und Wässern: 1mal täglich, Hafer benötigt nur wenig Wasser!
Ernte: nach 2–3 Tagen
Länge des Keims: Der Keim sollte die Länge des Korns haben.
(Hafer hat 3 Würzelchen)
Ertrag: 1 Tasse Körner ergibt 2 Tassen Sprossen

Die Küche der Hafersprossen

Früher gab's im Winter eine Haferflockensuppe – gesund, gesund! Kräftigender als sie sind jedoch die Sprossen mit ihrem ausgefallenen Geschmack.
Hafersprossen sind leicht verdaulich. Für sehr empfindliche Mägen sollten die Sprossen aber püriert und ganz kurz aufgekocht werden.

Hafersprossenmüsli

2 Tassen Hafersprossen
1 Tasse Luzernensprossen
1 Apel, grob geraspelt
2 EL Rosinen, geweicht

3 EL Sonnenblumenkern-
sprossen, geröstet
1 EL Zitronensaft
je 1 Prise Nelke und Zimt
2 Töpfchen Joghurt

Die Zutaten vermischen und in Schalen füllen. Der Joghurt und die knusprig warmen Sonnenblumenkerne werden erst bei Tisch über das Müsli gegeben.
So sind wir gewappnet für einen arbeitsreichen Tag. Der Hafer stärkt die Nerven.
Darf ich uns allen einen guten Morgen wünschen?

Vollweizenknusperchen

2 Tassen Vollweizenmehl
½ TL Meersalz
¼ Tasse Öl, kaltgeschlagen

1 Tasse Hafersprossen,
gemahlen
1 Tasse Milch
½ TL Anis, gemahlen

Den Ofen auf 200 Grad vorheizen!
Mehl und Salz in einer Schüssel vermischen, die restlichen Zutaten dazugeben und sorgsam einen recht trockenen Teig kneten. Auf einer bemehlten Fläche 2 cm dick ausrollen.
Die Plätzchen auf ein gefettetes Backblech geben und 20 Minuten backen.
Geben wir unseren Kindern diese Plätzchen mit in die Schule an Stelle des Butterbrotes. Das bringt Konzentration!

Roggensprossen

Der widerstandsfähige Roggen hat Kraft – er behauptet sich in kärgsten Böden und schafft es dabei auch noch, die hochwertigen Vitalstoffe aufzunehmen.

Die Steigerung der Inhaltsstoffe

Die 12 % Protein wandeln sich in Aminosäuren mit allen essentiellen Anteilen.
Der Prozentsatz der Vitamine B_1, B_2, B_3 und E erhöht sich.
Magnesium, Phosphor, Eisen, Fluor, Kalium, wandeln sich in eine für den Körper leichter aufnehmbare Form.
Erhöhung der Enzyme.

Vom Samen zum Keim

Keimmethode: im Glas
Einweichzeit: 12 Stunden
Temperatur: 18 Grad, eher kühl
Spülen und Wässern: 2mal täglich
Ernte: nach 2–3 Tagen
Länge des Keims: Sollte die Länge des Korns haben.
Ertrag: 1 Tasse Körner ergibt 2½ Tassen Sprossen.

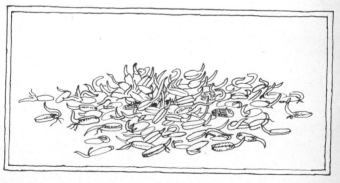

Roggensprossen

Die Küche der Roggensprossen

In Rußland wird Bier aus Roggensprossen angesetzt, doch wir streuen sie in Müsli, Suppen und Salate.
Weichen Gemüsen vermitteln die Sprossen eine körnige Substanz. Geröstet schmecken Roggenkörner wie kleine Nüßchen!

Obstsalat mit Roggensprossen und saurer Sahne

2 Pfirsiche, in Scheiben geschnitten
2 Birnen, gewürfelt
1 Tasse entsteinte Pflaumen, geviertelt
1 Tasse entsteinte Aprikosen, geviertelt
1 Tasse Johannisbeeren, rot
1 Tasse Roggensprossen
1 EL Obstessig
3 EL Wasser
4 EL Zitronensaft

2 EL Walnußöl, kaltgeschlagen
1 EL Sonnenblumenöl, kaltgeschlagen
1 EL Olivenöl, kaltgeschlagen
5 Kapern, feingehackt
1 Knoblauchzehe, gepreßt
je 1 Prise Cayennepfeffer, Estragon, Basilikum, Majoran, frisch gemahlen
Meersalz
(so wenig wie möglich)

Wir vermischen das Obst mit den Roggensprossen und verquirlen die Sauce, vermengen alle Zutaten in einer Schüssel und lassen sie 30 Minuten gut durchziehen.
Das ist ein ungewöhnlicher Salat. Die Sommerfrüchte, süß und reif, entwickeln einen Kontrapunkt zur herben Sauce.
Ein Erlebnis!

Avocadocreme mit Roggensprossen

2 sehr reife Avocados,
püriert
200 g Spinat, püriert
3 Tassen Gemüsebrühe
½ Knoblauchzehe, gepreßt

Pfeffer, frisch gemahlen
so wenig Salz wie möglich
1 TL Zitronensaft
1 Tasse Roggensprossen, fein
geröstet

Wir geben die Brühe in den Mixer und pürieren darin die Avocados und den Spinat. Wir fügen die Würze hinzu und schlagen die Creme noch einmal kurz. Vor dem Servieren die knusprig warmen Roggensprossen über die weiche Creme streuen. Sie runden den Geschmack ab.

Chicorée-Roggensprossensalat

2-3 Stangen Chicorée
2 Blutorangen, in dünne
Scheiben geschnitten
1 Tasse Roggensprossen
3 EL Olivenöl, kaltgeschlagen

grob gemahlener schwarzer
Pfeffer
Meersalz
(so wenig wie möglich)
8 schwarze Oliven

Den bitteren Kern des Chicorées entfernen und die Stangen in Viertel teilen. Die Blätter auseinander pflücken und mit den Orangenscheiben und den Sprossen vermischen.
Wir träufeln das Öl darüber, würzen und dekorieren mit Oliven – ein ungewöhnlicher Schmaus!

Der Reis

Obwohl der Vitamin-C-Gehalt im Reiskorn selbst minimal ist, steigt er während des Keimens enorm an.

Steigerung der Inhaltsstoffe

Das Protein wandelt sich in Aminosäuren mit allen essentiellen Anteilen.
Der Prozentsatz der Vitamine B_1, B_2, B_6 und des Provitamins A erhöht sich. Vitamin C wird quasi neu erschaffen. Calcium, Zink, Kalium, Eisen, Magnesium und Phosphor wandeln sich in eine für den Organismus leichter aufnehmbare Form. Der Enzymgehalt steigt enorm an.

Vom Samen zum Keim

Keimmethode: im Glas
Einweichzeit: 12 Stunden
Temperatur: 21 Grad
Spülen und Wässern: 2–3mal täglich
Ernte: nach 3 Tagen
Länge des Keims: Sollte die Länge des Korns erreicht haben.
Ertrag: 1 Tasse Körner ergibt 2½ Tassen Sprossen.

Die Küche der Reissprosse

Zart und transparent ist der winzige Sproß. Er hat keinen sehr hervorstechenden Geschmack. Wenn ein Gericht einen »Biß« haben soll, fügen wir Reiskeime zu. Sie wirken zart, sind aber dennoch fest in ihrer Kornstruktur!

Reissprossensalat

1½ Tassen Reissprossen
1 kleine Gurke, in feine
Scheiben geschnitten
½ Paprikaschote, in feine
Streifen geschnitten
1 Tasse Mungobohnen
Salatzutaten:
2 EL Obstessig
4 EL Olivenöl, kaltgeschlagen
1 EL Zwiebeln, sehr fein
gehackt
1 TL Senfsprossen oder

1 gute Prise Senfkörner,
frisch gemahlen
4 schwarze Oliven, sehr fein
gehackt
frisch gemahlener Pfeffer
Meersalz
(so wenig wie möglich)
2 hartgekochte Eier, fein
gehackt
2 EL Petersilie
1 EL Kresse

Wir mischen die Salatzutaten, rühren dann die Sauce cremig und gießen sie über den Salat.
Darüber die Eier und die feingewiegten Kräuter streuen.
Ein erquickender Salat im Sommer!

Sprossen aus geschälten Sonnenblumenkernen

Essen wir den Sonnenschein – der keimende Kern ist ein Kraftwerk!

Die Steigerung der Inhaltsstoffe

Der Proteingehalt von 30% wandelt sich in Aminosäuren mit allen essentiellen Anteilen.
Fette wandeln sich in fettlösliche Stoffe.
Der Prozentsatz der Vitamine B_1, B_2, B_3, B_{12}, E, F, K und Vitamin D, welches in Pflanzen selten zu finden ist, erhöht sich.
Mangan, Kupfer und Phosphor wandeln sich in eine für den Organismus leichter aufnehmbare Form.
Steigerung der Enzyme.

Vom Samen zum Keim

Keimmethode: im Glas
Einweichzeit: 12 Stunden
Temperatur: 21–30 Grad
Spülen und Wässern: 2mal täglich (je nach Wärme)
Ernte: nach 2 Tagen
Länge des Keims: Sollte nicht länger als der Kern sein
Ertrag: 1 Tasse ergibt 3 Tassen Sprossen.

Sonnenblumenkernsprossen in der Küche

Der milde Geschmack der Sprosse fügt sich in Salate, Nachspeisen, Suppeneintöpfe und in das Müsli am Morgen. Wenn wir die Sprossen mit einer Brühe verflüssigen, sind sie eine leichtverdauliche Basis für Saucen.

Tip:
Der milde Geschmack der Sprosse schlägt extrem um, wenn wir nicht die vorgegebene Erntezeit einhalten.

Sonnenblumensprossen

Staudensellerie in einer Creme aus den Keimen des Sonnenblumenkerns

1 Selleriestaude, mittelgroß
Creme für den Salat:
250 g Quark
1 mittelgroße Möhre, gerieben
2 EL Petersilie
2 TL Honig
2 EL Sesamsprossen, geröstet
Meersalz
(so wenig wie möglich)
1 Tasse Sonnenblumenkeime

Den Sellerie unter fließendem Wasser waschen und der Länge nach zerteilen.
Wir vermischen die Zutaten für die Creme und schlagen sie schaumig. Die Sprossen zum Schluß unterziehen.
Die cremige Sauce in Schalen füllen und die Selleriestangen hineinstippen. Ein köstlicher Knabberdip!

Variation:
Wir ersetzen den Honig durch 1 EL feingehackte Rosinen.

Sprossenfrühstück

1 Tasse Sonnenblumen-
sprossen
1 Tasse Weizensprossen
1 Tasse Luzernensprossen

2 EL Feigen, feingehackt
1 TL Honig
1 Spur Zimt
1 Töpfchen Joghurt

Alle Zutaten in einer Schale vermischen und mit Joghurt übergießen.
Besonders im Winter, wenn die Sonne fehlt, stärkt die Kraft der Sonnenblumensprossen. Der proteinhaltige Kern ist durch die Umsetzung viel magenfreundlicher geworden.
Mit diesem »Starter« werden wir gewitzt unseren Tag erobern und den Kindern zu besten Zensuren verhelfen!

Auberginenpaste mit gesprossenen Sonnenblumenkernen

2 mittelgroße Auberginen
1 EL Olivenöl, kaltgeschlagen
Saft einer Zitrone
2 Knoblauchzehen, gepreßt
1 Tasse Sonnenblumen-
sprossen

frisch gemahlener Pfeffer
Meersalz
(so wenig wie möglich)
1 EL Petersilie

Die Auberginen mit einer Gabel mehrmals anstechen und im vorgeheizten Ofen bei 210 Grad dünsten, bis sie weich sind. Wir lassen sie abkühlen, halbieren sie und lösen das Fruchtfleisch mit einem Löffel heraus.
Im Mixer mit den restlichen Zutaten zu einer cremigen Masse verquirlen.
Schließlich die Sprossen unterziehen und mit der Petersilie dekorieren.
Diese Auberginenpaste schmeichelt als Sauce, Dip oder Brotaufstrich!

Sprossen aus »weichen« Hülsenfrüchten

(Grüne Sojabohne, Linsen)

Die grüne Sojasprosse – Mungobohne

Nichts ist einfacher, als diese Bohne in Sprossen zu verwandeln. Sie ist zart und süß. Die Mungobohne hat die Sprossenzucht besonders in Amerika bekannt gemacht.
Sie ist überdies sehr bekömmlich. Durch ihre einfache Zucht und ihren Geschmack wurde sie in der ganzen Welt so beliebt. Jeder, der mit der Sprossenzucht beginnt, sollte mit ihr starten.

Die Veränderung der Inhaltsstoffe

Der Cholingehalt steigt pro 10 g Mungobohnen in 4 Tagen auf 250 g.
Der Prozentsatz der Vitamine A, B_1, B_2, B_{12}, C und E erhöht sich.
Calcium, Eisen, Kalium und Phosphor wandeln sich in eine für den Organismus leichter aufnehmbare Form.
Große Anreicherung der Enzyme.

Vom Samen zur Sprosse

Keimmethode: im Glas
Einweichzeit: 12 Stunden
Temperatur: nicht über 21 Grad
Spülen und Wässern: 2–3mal täglich
Ernte: nach 5 Tagen
Länge des Keims: 1–2 cm*
Ertrag: 1 Tasse Samen ergibt ca. 5 Tassen Sprossen.

---

* *Anmerkung:* Sojabohnensprossen schmecken auch köstlich, wenn ihr Keim bis zu 4–5 cm wächst, die Inhaltsstoffe verlieren jedoch dabei.

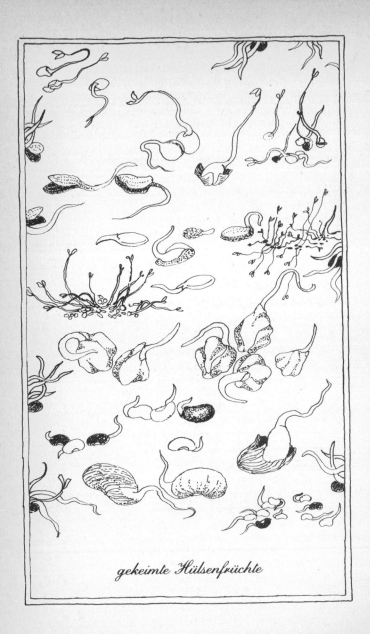

gekeimte Hülsenfrüchte

Die Küche der grünen Sojasprossen

Genießen wir die Sprossen möglichst roh! Im Omelett, als Beilage zu Spaghetti und Reis oder in Butter geschwenkt, bleiben die Sprossen knackig.
Linsen und Sojasprossen sind klassische Salatgemüse. Darum habe ich eine schlichte Salatsauce aufgeschrieben, die den Geschmack der Sprossen herausfordert.

Salatsauce

*2 EL Öl Ihrer Wahl,
kaltgeschlagen
2 EL Wein (rot für Linsen,
weiß für Sojabohnen)*

*1 EL Zitronensaft
Meersalz
(so wenig wie möglich)
frisch gemahlener Pfeffer*

Wein, Zitronensaft, Salz und Pfeffer in einer Porzellanschüssel vermischen und mit dem Schneebesen langsam das Öl hineinschlagen, bis sich alle Zutaten zu einer Emulsion verbinden. Wir würzen die Salatsauce mit Kräutern der Jahreszeit oder mit Gewürzsamen, je nach Geschmack.

Meine Lieblings-Salatsauce

Ich bevorzuge es, alle möglichen Früchte oder Gemüse, wie z. B. Avocados, Tomaten, Gurken, Zuccini oder auch Kohlstrünke für die herrlichsten neuen Saucen im Mixer zu pürieren. Leider sind wir in unseren Vorstellungen von Salatsaucen festgefahren! Saucen müssen nicht immer auf der Basis von Essig und Öl bereitet werden. Gemüse, Pürees und Säfte mit einem hinreichenden Anteil an gekeimten Ölfrüchten bieten eine Menge Variationen und sprechen vor allem bei unserer Gesundheit ein Wörtchen mit.

Sommersalat mit grünen Sojasprossen

1 Tasse Sojabohnensprossen
1 Paprikaschote rot oder
gelb, in feine Streifen
geschnitten
1 Möhre, in feine Stifte
geschnitten
1 Zwiebel, sehr fein gehackt
2 Tomaten, in Würfel
geschnitten

3 EL Dill
Salatsauce:
Saft einer Zitrone
1 Salatgurke, im Mixer
püriert
2 EL Nußöl, kaltgeschlagen
Meersalz
(so wenig wie möglich)

In einer großen Schüssel werden alle Salatzutaten vermengt. Wir schneiden die Gurke in Stücke und geben sie mit dem Zitronensaft, dem Öl und dem Salz in den Mixer. Die Sauce über den Salat gießen und mit Dill bestreut servieren.

Chinakohl und grüne Sojabohnensprossen

½ Chinakohl, der Länge nach
in feine Streifen geschnitten
1 Möhre, grob geraspelt
1 Tasse Sojabohnensprossen
1 Tasse Krabben
Salatsauce:
1 kleine Schlangengurke, in
kleine Stücke geschnitten

2 EL Sonnenblumenöl,
kaltgeschlagen
1 EL Weinessig
2 EL Crème fraîche
Meersalz
(so wenig wie möglich)
2 EL frisch gehackte
Zitronenmelisse

Die Gurke im Mixer pürieren, eventuell ein wenig Gemüsebrühe dazugeben.
Die Salatzutaten in einer flachen Schüssel verteilen und mit der Sauce übergießen. Wir stellen unser Gericht kalt und servieren es übersprenkelt mit frisch gehackter Zitronenmelisse.

Variation:
2 EL Sonnenblumenöl,
kaltgeschlagen
1 Becher Joghurt

2 EL gehackte Minze
frisch gemahlener Pfeffer
Meersalz
(so wenig wie möglich)

Die Sauce wird vermischt und über den Salat gegossen.

Blumenkohl mit grünen Sojabohnensprossen

1 Blumenkohl (¼ Stunde in Salzwasser gelegt)
1½ Tassen Sojabohnensprossen
einige Salatblätter
die Kohlreste (Strunk)
2 EL Walnußöl, kaltgeschlagen
2 EL saure Sahne
1 Knoblauchzehe, gepreßt
1–2 EL Zitronensaft
1 Msp Kümmel
Meersalz
(so wenig wie möglich)
1 Frühlingszwiebel, sehr fein geschnitten

Wir zerpflücken den Blumenkohl, der durch das Salzwasser von Insekten befreit wurde, in kleine Röschen und verwahren die Reste für die Sauce.

Diese Reste raspeln wir sehr fein und pürieren sie im Mixer zusammen mit dem Öl zu einer sämigen Masse. Dann geben wir sämtliche Gewürze zu und stellen die Sauce eine halbe Stunde in den Eisschrank.

Wir richten die Blumenkohlröschen auf den Salatblättern an und geben die Sojabohnensprossen hinzu. Schließlich gießen wir die Sauce darüber und bestreuen den fertigen Salat mit der Frühlingszwiebel.

Variation:
Die ätherischen Öle eines halben Teelöffels gemahlenen Senfpulvers, im Öl gemischt, oder eine halbe Tasse gezüchteter Senfsprossen statt der Frühlingszwiebel werden Ihrer Verdauung gut tun.

Linsensprossen

Linsen! Wer würde dabei nicht an eine kräftig-derbe Wintersuppe denken? Doch aus den flachrunden Linsen wächst eine grazile Sprosse mit nußartigem Aroma, die uns im Geschmack eine *neue* »Linsendimension« eröffnet.

Steigerung der Inhaltsstoffe

Der Proteinanteil von 25 % wandelt sich in Aminosäuren mit allen essentiellen Anteilen.
Der Prozentsatz der Vitamine B_1, B_2, B_3, B_6 und B_{12} erhöht sich.
Phosphor, Eisen, Zink, Mangan, Magnesium und Kupfer wandeln sich in eine für den Organismus leichter aufnehmbare Form.
Enzymsteigerung.

Vom Samen zum Keim

Keimmethode: im Glas
Einweichzeit: 21 Grad
Spülen und Wässern: 2–3mal täglich
Ernte: nach ca. 3 Tagen
Länge des Keims: bis zu 2 cm
Ertrag: 1 Tasse Linsen ergibt 6 Tassen Sprossen.

Die Küche der Linsensprossen

Jede Suppe verträgt sich gut mit einer Portion Linsensprossen. Jeden Salat, alle Gemüse können wir mit diesen Sprossen vitalisieren, von der Würze ganz zu schweigen.
Linsensprossen in weichen Omeletts, in Aufläufen – der Möglichkeiten gibt es viele.

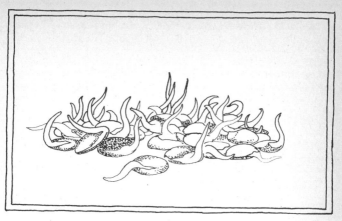

Linsensprossen

Linsensprossensalat mit Croûtons
(gerösteten Brotwürfeln)

1 Tasse Linsensprossen
3 Stangen Chicorée
Salatsauce:
Saft einer Zitrone
3 EL Olivenöl, kaltgeschlagen
1 Knoblauchzehe, gepreßt

frisch gemahlener Pfeffer
6 Anchovisfilets, geschabt
1 Tasse Brotwürfel
1 EL Öl, kaltgeschlagen
½ Tasse geriebener Käse

Den Chicorée putzen, in feine lange Streifen schneiden und mit den Sprossen vermischen.

Nun bereiten wir die Salatsauce und backen die Brotwürfel in heißem Öl, bis sie auf allen Seiten goldbraun sind. Wir verbinden den Salat mit der Marinade und geben schließlich Croûtons und Käse dazu. Der Salat ist weniger mächtig, wenn die Croûtons auf Küchenkrepp abtropfen.

Linsensprossen-Zucchinisalat

1 Tasse Linsensprossen
4 kleine Zucchini, in Scheiben
geschnitten
Salatsauce:
½ Tasse gehackte Walnüsse
4 EL Sonnenblumensprossen,
2 Tage gekeimt
1 geriebener Apfel
2 EL Sojaöl, kaltgeschlagen
2 EL Zitronensaft
1 Prise Salbei
Meersalz
(so wenig wie möglich)

Wir vermischen Linsensprossen und Zucchini, bereiten dann die Salatsauce und gießen sie über den Salat.

Weißkohl-Linsensprossensalat

½ kleiner Weißkohl, hauch-
fein geschnitten (das Innere
für die Sauce verwahren)
2 EL Sonnenblumenöl
1 Tasse Linsensprossen
1 kleine rote Bete, geraspelt
2 Stangen Sellerie, mit
Blättern in feine Scheiben
geschnitten
Salatsauce:
die Kohlreste (Strunk)
1 kleines Glas Cidre herb
½ Tasse süße Sahne
1 TL Honig
½ TL gestoßener Kümmel
Meersalz
(so wenig wie möglich)

Den geschnittenen Kohl in eine Schüssel geben und mit einem Holzstößel das Öl einarbeiten, bis er weich ist.
Die fehlenden Salatzutaten kommen ebenfalls in die Schüssel.
Für die Sauce pürieren wir den Strunk im Mixer, geben die restlichen Zutaten und die Gewürze dazu und gießen die Sauce über den Salat. Diesen kühl stellen, gut durchziehen lassen und mit Behagen zu einem Getreideauflauf essen.

Linsensprossen in Avocadocreme

2 Stangen Chicorée, der
Länge nach in feine Streifen
geschnitten
1 Tasse Linsensprossen
1 Tasse Sojasprossen
1 geriebene Möhre
1 Frühlingszwiebel, fein
geschnitten

Avocadocreme:
1 Avocado, püriert
1 kleines Glas trockener
Weißwein
frisch gemahlener Pfeffer,
sehr grob
ein Hauch Meersalz

Wir vermischen die Salatzutaten und füllen sie in Schalen. Die schaumig gerührte Avocadocreme gesondert zu diesem anziehend frischen Salat reichen.

Rotkohlsalat mit Linsensprossen und Datteln

½ kleiner Rotkohl, sehr fein
geschnitten
2 EL Öl, kaltgeschlagen
1 Tasse Linsensprossen
8 Datteln, entkernt und
gewürfelt
1 geriebener Apfel
Salatsauce:
1 kleines Glas Rotwein

2 EL Sonnenblumenöl,
kaltgeschlagen
1 TL Honig
ein Hauch Knoblauch,
gepreßt
ein Hauch gestoßener
Kümmel
Meersalz
(so wenig wie möglich)

Wir geben den Kohl in eine Schüssel, vermischen ihn mit dem Öl und stampfen ihn mit einem Holzstößel, bis er weich ist. Dann mit den Sprossen und Dattelstücken vermischen, die Sauce bereiten und den Salat übergießen, damit alle Zutaten gut durchziehen und die Fülle des Geschmacks voll aufblüht.

Variation:
Statt der Datteln 8 Walnußhälften und 2 EL geweichte Rosinen nehmen.
Mit diesem Salat werden wir zum begehrten Gastgeber.

Spinatsalat mit Linsensprossen

500 g junger Spinat
1 Tasse Linsensprossen
6 Radieschen, in sehr feine Streifen geschnitten
Salatsauce:
1 TL Sesamöl
2 EL Sonnenblumenöl
1 Knoblauchzehe, gepreßt
frisch gemahlener Pfeffer
Meersalz
(so wenig wie möglich)
2 EL frische Petersilie, fein gehackt
2 EL Weizenkeime
1 TL Butter

Wir waschen den Spinat, lassen ihn gut abtropfen und mischen ihn mit den Linsensprossen und den Radieschenstreifen.
Die Saucenzutaten verrühren und sofort über den Salat gießen.
Kurz vor dem Anrichten rösten wir die Weizenkeime in Butter und streuen sie noch warm über den Salat.

Variation:
Anstelle der Weizenkeime rösten wir 1 EL Sesamsamen.

Sprossen von »harten« Hülsenfrüchten

(Garbanzo bzw. Kichererbsen, Gartenerbse, gelbe Sojabohne)

Diese Hülsenfrüchte enthalten Spuren des leicht giftigen Phasins. Sie sollten kurz gedünstet werden.

Kichererbsensprossen

Die Kichererbse ist nahrhaft, sättigend und vor allem ungeheuer vielseitig. In der mediterranen Küche ist sie weit verbreitet, ganz besonders jedoch in Indien, wo sie als Gram bekannt ist.
Als Sprosse ist sie eine Überraschung!

Steigerung der Inhaltsstoffe

Der Proteinanteil von 18–25% wandelt sich in Aminosäuren mit allen essentiellen Anteilen.
Der Prozentsatz der Vitamine A, B_1, B_2, B_3, B_{12}, C und E erhöht sich.
Eisen, Phosphor, Zink, Mangan und Kalium wandeln sich in eine für den Organismus leichter aufnehmbare Form.
Anreicherung der Enzyme.

Vom Samen zum Keim

Keimmethode: im Glas
Einweichzeit: 12 Stunden
Temperatur: 18 Grad, nicht höher
Spülen und Wässern: 2–3mal täglich
Ernte: nach 3 Tagen, später können sie bitter werden
Länge des Keims: 3–5 mm
Ertrag: 1 Tasse Erbsen ergibt 4–5 Tassen Sprossen

Kochen mit Kichererbsensprossen

Nachdem wir die Sprossen im Dampf 10 Minuten sanft gegart haben, finden wir eine Frucht vor, die uns nur noch andeutungsweise an die Kichererbse erinnert.
Ganz besonders, wenn die Kügelchen in Butter geröstet wurden sind sie Nüssen zum Verwechseln ähnlich.

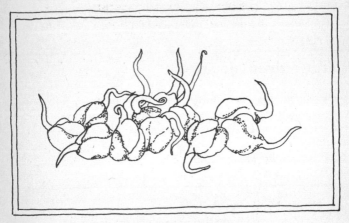

Kichererbsensprossen

Kichererbsensprossen als Salat

2 Tassen Kichererbsensprossen, gedünstet
1 kleine Zwiebel, fein gehackt
2 Zucchini,
2 gehäutete Tomaten, gewürfelt

Salatsauce:
2 EL Sonnenblumenöl, kaltgeschlagen
2 EL Zitronensaft
Meersalz
(so wenig wie möglich)
1 TL Honig
2 EL Kresse
2 EL Petersilie

Wir schneiden die Zucchini mit der Schale in feine Scheiben und vermischen sie mit den fehlenden Zutaten.
Die Sauce verquirlen und den Salat ziehen lassen.

Mit frischen Kräutern überstreuen!
Können Sie sich vorstellen, diesen Salat zu überkrusteten Nudeln zu essen? Mich zieht die Geschmacksverbindung an!

Luzernensprossen mit gekrusteten Kichererbsensprossen

3 Tassen Luzernensprossen
1 Tasse Kichererbsensprossen
1 EL Öl, kaltgeschlagen

Sauce:
siehe Grundsauce (187)

Die Kichererbsen werden in 10 Minuten gargedämpft. Dann legen wir sie auf ein Baumwolltuch und trocknen sie rund herum, damit wir sie leichter im Öl rösten können.
Diese »Nußkugel« schmücken die zarten Luzernensprossen, die wir kurz vor dem Anrichten mit der Salatsauce übergießen.

Kichererbsencreme mit Tahini

3 Tassen Kichererbsensprossen
1 Tasse Gemüsebrühe
3 EL Tahini (Sesampaste)

Saft einer Zitrone
1 Knoblauchzehe, gepreßt
Meersalz nach Geschmack

Wir pürieren die Kichererbsensprossen mit der Gemüsebrühe im Mixer, geben das Püree in einen kleinen Topf und lassen es 12 Minuten auf kleinster Flamme simmern.
Dann fügen wir die Gewürze hinzu, vermengen alle Zutaten gut und stellen die Masse zum Abkühlen in den Eisschrank.
Diese Sauce schmeckt ausgezeichnet zu kaltem Gemüse, aber wahrhaft wunderbar ist es, wenn wir duftende Scheiben des frischgebackenen Ezechiel-Brotes (s. S. 40) mit dieser Paste bestreichen.

... ein Vorschlag für das »Frühstück im Grünen«

Erbsensprossen

Erbsen sollten gut verlesen werden, weil halbierte Früchte im feuchten Umraum sofort gären!
Durch das Ansteigen des Zuckergehaltes in der Sprießzeit ist der Erbsenkeim extrem süß.

Das Ansteigen der Inhaltsstoffe

Der Proteinanteil von 25 % wandelt sich in Aminosäuren mit allen essentiellen Anteilen.
Der Prozentsatz der Vitamine A, B_1, B_2, B_6, B_{12} und C erhöht sich.
Calcium, Phosphor, Magnesium, Kupfer, Mangan und Zink wandeln sich in eine für den Organismus leichter aufnehmbare Form.
Erhöhung der Enzyme.

Vom Samen zum Keim

Keimmethode: im Glas
Einweichzeit: 12 Stunden
Temperatur: 18–21 Grad
Spülen und Wässern: 4mal täglich, bitte in kaltem Wasser
Ernte: nach 3 Tagen
Länge des Keims: Sollte die Länge der Erbse haben
Ertrag: 1 Tasse Erbsen ergibt 2 Tassen Sprossen

Kochen mit Erbsensprossen

Eine süße Wunderfrucht, aus der sich ganz besonders gut Cremesuppen und auch Füllungen bereiten lassen.
Das Garen der Erbsensprossen in Eintöpfen und Suppen ist der einfachste Weg, von dem nahrhaften Sprossengemüse zu profitieren. Hier eine Grundbrühe, die zum Variieren verlockt:

Grundsuppe für Erbsensprossen

2 EL Butter
1 EL Öl
1 grüne Pfefferschote, geschnitten
2 mittelgroße Zwiebeln, gehackt
2 Knoblauchzehen, in feine Scheiben geschnitten
1 Stange Porree, in Scheiben geschnitten
3 Möhren, in Stifte geschnitten
¼ Knolle Sellerie, gewürfelt
3 Tomaten, gepellt
1 l Wasser
1 Lorbeerblatt
frisch gemahlener Pfeffer
Meersalz
(so wenig wie möglich)
Thymian

Diese Grundbrühe ergänzen wir mit Gemüsen der Jahreszeit und mit Sprossen aus der Gruppe der Erbsen, frisch gehackten Kräutern sowie geriebenem Parmesan.

In einem großen Suppentopf die Gemüse im Fett andünsten und mit Wasser aufgießen.

Wir geben die Gewürze in die Brühe, lassen sie kurz aufkochen und 1 Stunde leise köcheln.

Wir fügen die Saisongemüse hinzu und lassen die Suppe erneut 20 Minuten simmern.

Die Sprossen, als letzte Beigabe, läßt man 10 Minuten in der Brühe weichziehen.

Erst bei Tisch reichen wir eine Schale mit frischen Kräutern und Parmesan.

Ein kräftiger, schmackhafter Eintopf für alle Jahreszeiten – ein Essen für ein Haus der offenen Tür.

Erbsensprossencremesuppe

3 Tassen Erbsensprossen
1 l Wasser
1 EL Öl, kaltgeschlagen
½ Zwiebel, feingewürfelt
1 Möhre, geraspelt
1 EL Öl, kaltgeschlagen
1 kleiner Kopf Salat, in
Streifen geschnitten
½ Tasse trockener Weißwein
4 EL Crème fraîche
Meersalz
(so wenig wie möglich)
4 EL Zitronenmelisse, fein
geschnitten

Die Sprossen in der Hälfte des Wassers aufsetzen, aufwallen und 10 Minuten nachziehen lassen.
Die Gemüse werden einzeln im Öl kurz angedünstet, in einem neuen Arbeitsgang auch der Salat. Dann pürieren wir alle abgekühlten Gemüse im Mixer, geben sie in einen zweiten Topf mit der anderen Hälfte des Wassers, dem Wein, der Crème fraîche und dem Salz. Durch kurzes Aufkochen und Rühren verbinden sich die Zutaten zu einer cremigen Konsistenz. Bei Tisch streuen wir die Zitronenmelisse über die Suppe.
Das Säuerlich-Herbe läßt die Süße dieser Suppe geradezu aufblühen. Im Sommer serviere ich die Suppe mit Kapuzinerkresseblüten. Sie haben einen pikant-säuerlichen Geschmack und sehen wunderschön aus.
Wenn Sie die Scheu vor dem Genuß einer zart-schönen Blüte überwinden, werden Sie durch Außergewöhnliches belohnt. Diese Blüte ist wie ihr Samen Würze. Es ist praktisch in Vergessenheit geraten, daß viele Blüten eßbar sind.

Anmerkung:
Wie die Gartenerbse aus der Schote, kann die sanfte Erbsensprosse Beilage für viele Gerichte sein.

Die gelbe Sojabohnensprosse

Hier ist sie, die legendäre Sprosse des alten China. Zusammen mit der schwarzen, der blauen und der weißen Bohne gehört sie zu seinen großen nährenden und heilenden Früchten. (Die kleine grüne Mungobohne ist eine neuere amerikanische Zucht.)

In ihrem Aussehen ist die gelbe Sojabohne unserer gelben Erbse zum Verwechseln ähnlich. Zudem gibt es viele Parallelen in der Zuchtweise.

Vorsicht, die Samen beginnen schnell zu modern, wenn sie nicht sofort aufquellen!

Die Bohne gärt sehr schnell. Das ist ideal für die Herstellung von Sojaprodukten (Tofu, Sojasauce), kann aber Ärger beim Keimen bereiten. Bei der Sprossenzucht muß die Fermentierung in vielen Waschungen beseitigt werden.

Die Sojabohne mit ihrem hohen Eiweißanteil ist wertvoller Fleischersatz. Wir sollten auf keinen Fall auf diese Proteinbombe verzichten, auch wenn die Zucht Geduld verlangt und Mühe macht.

Grüne Sojasprossen

Steigerung der Inhaltsstoffe

Der Proteinanteil von 36–38 % wandelt sich in Aminosäuren mit allen essentiellen Anteilen,
der Prozentsatz der Vitamine B_1, B_2, B_3, B_5, B_{12}, C und K erhöht sich,
Calcium, Eisen, Mangan, Kalium, Kupfer, Magnesium und Phosphor wandeln sich in eine für den Organismus leichter aufnehmbare Form.
Anreicherung der Enzyme.

Vom Samen zur Sprosse

Keimmethode: im Glas
Einweichzeit: 12 Stunden
Temperatur: 18 Grad
Spülen und Wässern: alle 4 Stunden, sehr gründlich
Ernte: nach 3 Tagen
Länge des Keims: 1 cm
Ertrag: 1 Tasse Bohnen ergibt 4 Tassen Sprossen.

Kochen mit gelben Sojasprossen

Ohne charakteristischen Eigengeschmack sind Sojabohnen ideale Aromaträger. In einer schweren Eisenpfanne mit wenig Fett geröstet, nehmen sie jedoch einen Geschmack an, der von Nüssen kaum zu unterscheiden ist. Sie können auch auf einem Backblech bei 170 Grad, ca. 15 Minuten lang, zu »Nüssen« getrocknet werden.
Ihre Haut schrumpelt, und sie lassen sich wunderbar zu »Nuß«-Splittern vermahlen.

Quarkrollen mit gerösteten gelben Sojabohnensprossen

250 g Quark
1 Zwiebel, sehr fein
gewürfelt
½ EL Öl, kaltgeschlagen
1 TL Senfkörner, im Mörser
pulverisiert oder frisch
gemahlen

1 Tasse gelbe Sojabohnen-
sprossen, gedünstet
1 EL Öl

Die Zwiebel im Öl dünsten und mit dem Quark vermischen; anschließend die Würze unterrühren. Wir stellen die Masse kalt und modellieren mit feuchten Händen kleine Kugeln.
Die abgetropften Sojabohnen in der Pfanne braun rösten, zersplittern und sie auf einen flachen Teller schütten.
Darin die Quarkkugeln wälzen, bis sie völlig ummantelt sind.
Diese Kugeln sind Vorspeise, Zwischengericht, Beilage zu Gemüse oder Abschiedshappen für unsere Gäste.

Marinierte gelbe Sojabohnensprossen

In Dampf gegarte Sojabohnensprossen ergeben einen himmlischen Salat. Wir lassen die Sprossen nach dem Garen auf Küchenkrepp abtropfen.

3 Tassen gelbe Sojasprossen
Marinade:
1 Tasse Weißwein
2 EL Weinessig
2 EL Sonnenblumenöl, kaltgepreßt
1 Frühlingszwiebel, in feine Scheiben geschnitten
1 Möhre, in hauchdünne Scheibchen geschnitten
1 Zwiebel, sehr fein gewürfelt
je 1 EL Petersilie, Estragon, Kerbel
Pfeffer, frisch gemahlen
eine Spur Knoblauch
Meersalz
(so wenig wie möglich)

Wir verteilen die Sprossen in einer flachen Schüssel und übergießen sie mit der Marinade. Bei geschlossenem Topf ziehen die Früchte bis zu 12 Stunden. Kosten wir zwischendurch und überwachen, wie weit die Marinade eingezogen ist.
Diese marinierten Sprossen sind eine mächtige, aber köstliche Vorspeise.

Fenchelsalat mit gelben Sojabohnensprossen

2 Tassen Sojabohnensprossen, gedünstet
2 Fenchelknollen (das Grün verwahren!)
1 Tomate, gehäutet und in kleine Würfel geschnitten
Salatsauce:
4 EL Crème fraîche
2 EL Weißwein
1 kleine gehackte Frühlingszwiebel
frisch gemahlener Pfeffer
Meersalz
(so wenig wie möglich)

Den gewaschenen Fenchel vierteln und kurz blanchieren. Die Salatzutaten in eine Schüssel geben und mit der Sauce übergießen.

Das gehackte Fenchelgrün ist ein feiner Hauch, der über die cremige Salatsauce gestreut wird und einen anziehenden Geschmack verbreitet.

Variation:
Mit schwarzen Oliven und ca. 200 g gewürfeltem Schafskäse wird der Salat zu einer sättigenden Mahlzeit.

Schleimbildende Samen

(Kresse und Leinsamen)

Die Gartenkresse

Eine Winterwürze – Kresse sollte in der kalten Jahreszeit immer auf den Tisch.
Diese Pflanze wächst so schnell wie kaum eine andere (lat.: crescere = wachsen). Sie ist voller Vitamin C, ersetzt Salz und ist eine gute Alternative zu fehlenden Sommerkräutern.
Im Bio-Snackygerät oder auf dickem Baumwolltuch erreicht die Kresse als Schnellstarter in 8 Tagen eine Höhe von ca. 3 cm. Sie bleibt bei guter Pflege etwa 5 Tage frisch und knackig. Es lohnt sich, auch eine größere Menge auszusäen.

Steigerung der Inhaltsstoffe
Der Gehalt an Vitamin A und C steigt beträchtlich.

Vom Samen zum Keim
Keimmethode: auf feuchtem Tuch
Einweichzeit: ca. 6 Stunden
Temperatur: 21 Grad
Wässern (Besprenkeln): 2mal täglich
Ernte: nach ca. 8 Tagen
Höhe des Pflänzchens: ca. 3–4 cm

Die Kresse in der Küche

Es gibt kein Gericht, das durch die würzige Kresse nicht bereichert würde. Salate, Suppen, der gute Gemüseeintopf, Nudeln, Getreideaufläufe – überall kann die herb-pikante »Würze« sich entfalten.

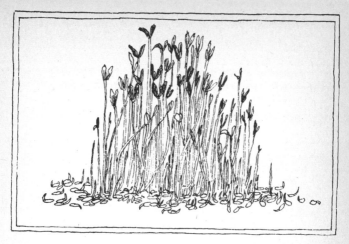

Kresse

Champignon-Tomatensalat mit Kresse

250 g Champignons, blättrig geschnitten
4 Tomaten, gehäutet und gewürfelt
1 Frühlingszwiebel, sehr fein geschnitten
1 EL Sesamöl, kaltgeschlagen
2 EL Zitronensaft
1 Becher Joghurt
1 TL Honig
Pfeffer aus der Mühle
Meersalz
(so wenig wie möglich)
3 EL Kresse

Wir vermengen die Salatzutaten in einer Schüssel, gießen die verquirlte Salatsauce darüber und bestreuen den Salat mit der Kresse.

Variation:
Die Kresse durch Senfsprossen und die Frühlingszwiebel durch eine Tasse Luzernensprossen ersetzen.

Geraspelter Sellerie mit Kresse

1 mittelgroße Knolle Sellerie
2 EL Zitronensaft
ein saurer Apfel, in sehr
feine Streifen geschnitten
Salatsauce:
2 mittelgroße Zwiebeln,
gehackt
2 EL Sonnenblumenöl,
kaltgeschlagen

12 Pflaumen, entkernt und
eingeweicht
1 Hauch Knoblauch
1 Prise gemahlene Nelke
1 Prise Zimt
½ Tasse Kresse

Wir säubern die Sellerieknolle mit einer Bürste unter fließendem Wasser, raspeln sie sehr fein und beträufeln sie sofort mit der Zitrone.

Die Zwiebel in Öl glasig dünsten und zusammen mit den Pflaumen pürieren. Nun geben wir noch die Würze zu und verrühren alles zu einer weichen Creme.

Den geraspelten Sellerie und die feinen Apfelstreifen in Schalen verteilen und mit den grünen Kressepflänzchen dekorieren.

Das erquickende Pflaumenmus dazu reichen.

Der Leinsamenkeimling

Der Samen hüllt sich während des Einweichens in eine gallertartige Masse.
Wenn es uns gelingt, den Samen während des Keimens durch sorgfältiges Spülen davon zu befreien, wächst er zu köstlichen kleinen Sprossen.

Steigerung der Inhaltsstoffe

23% Protein verwandeln sich in essentielle Aminosäuren.
Der Prozentsatz der Vitamine E, F und K erhöht sich.
Calcium, Eisen, Phosphor, Magnesium und Kupfer wandeln sich während der Keimung in eine für den Körper leichter aufnehmbare Form.
Enzymanreicherung.

Vom Samen zum Keim

Keimmethode: im Glas
Einweichzeit: ca. 4 Stunden
Temperatur: 21 Grad
Spülen und Wässern: 4mal täglich
Ernte: nach ca. 2 Tagen
Länge des Keims: bis zur Größe des Samens
Ertrag: 1 Tasse Samen ergibt 1½ Tassen Sprossen

Der Leinsamenkeim in der Küche

Mit keinem anderen Keim läßt sich der Morgen so glücklich beginnen! Streuen wir den Keim in unser Müsli und kauen den nußartigen Samen, damit er sich in *jeder* Weise voll entfaltet.

Leinsamensprossen

Das Leinsamenpflänzchen

Wir können den Leinsamen auch zu kleinen Pflänzchen wachsen lassen, ganz besonders in der kalten Jahreszeit, um den Bedarf an Chlorophyll zu decken.

Vom Samen zum Keim

Keimmethode: auf feuchtem Tuch
Einweichzeit: bis zu 6 Stunden
Temperatur: 21 Grad
Besprenkeln: 2mal täglich
Ernte: nach 8 Tagen
Länge des Keims: 3–4 cm

Das Leinsamenpflänzchen in der Küche

Eine erfüllende Würze! Essen wir sie so oft wir können und streuen sie in Suppen, Salate und Körnergerichte.

Chicorée mit Leinsamenpflänzchen

4 Stangen Chicorée
1 Orange, in Spalten geteilt
2 EL Leinsamensprossen
1 EL Sonnenblumensprossen
Salatsauce:
1 Tasse saure Sahne

eine Spur Knoblauch
1 Prise Senfkörner, frisch
gemahlen
Meersalz
(so wenig wie möglich)

Den Chicorée waschen, den bitteren Kern entfernen und die Stangen in feine lange Streifen schneiden. Wir vermischen sie mit den Orangenspalten und den Sprossen und verquirlen die Sauce, die zum Schluß über den Salat gegossen wird. Leinsamensprossen schmecken wie ein Gewürz und schmücken außerdem viele Gerichte auf neue Art.

Samen mit unverdaulichen Hülsen

(Buchweizen, Kürbis, Mandeln)

Nach dem Sprießen werden die Hülsen entfernt. Sie werden *nicht* gegessen.

Buchweizensprossen

Steigerung der Inhaltsstoffe

12% Protein wandeln sich in Aminosäuren mit allen essentiellen Anteilen.
Hoher Lysinanteil. Der Gehalt aller B-Vitamine und C steigt.
Phosphor, Kalium, Calcium, Kupfer, Magnesium und Eisen wandeln sich während des Keimens in eine für den Organismus leichter aufnehmbare Form.
Enzymanreicherung.

NICHT EINWEICHEN!

Vom Samen zum Keim

Keimmethode: feuchtes Tuch oder Glas
Temperatur: 21 Grad
Besprühen: 4mal täglich, oder kurzes Wässern 2mal täglich
Ernte: nach 2–3 Tagen
Länge des Keims: 5 mm
Ertrag: 1 Tasse Körner ergibt 3 Tassen Sprossen

> **Ratschlag**
>
> Buchweizen bildet beim Einweichen etwas Schleim. Damit die Körner nicht zu naß liegen, besprühen wir sie öfter. Bei der Zucht im Glas ist kurzes Spülen ratsam.

Buchweizensprossen in der Küche

Wir streuen die enthülsten Sprossen in Suppen, verfeinern Salate und Gemüseeintöpfe. Ganz kurz gedünstet sind die Sprossen unverwechselbar im Geschmack.

Buchweizensprossen

Die Kürbissprosse

Extrem hoch ist der Phosphorgehalt des Kürbiskerns, eines wichtigen Volksheilmittels.
100 g Samen enthalten 11,2 Milligramm Eisen. Kürbis ist bei Blutarmut eine Wundermedizin.

Steigerung der Inhaltsstoffe

Die Proteine wandeln sich in essentielle Aminosäuren.
Der Prozentsatz der Vitamine A und B erhöht sich.
Phosphor, Eisen und Calcium wandeln sich in eine für den Organismus leichter aufnehmbare Form.
Enzymanstieg.

Vom Samen zum Keim

Keimmethode: im Glas
Einweichzeit: 12–16 Stunden
Temperatur: 21 Grad
Spülen und Wässern: 2–3 mal täglich
Ernte: nach 3 Tagen
Länge des Keims: 3 mm
Ertrag: 1 Tasse Kürbiskerne ergibt 2 Tassen Sprossen

Kürbissprossen in der Küche

Während des Keimens sind Ölfrüchte, besonders für darmempfindliche Menschen, leichter verdaulich.
Pürieren wir die Sprossen mit wenig Gemüsebrühe, erhalten wir eine bekömmliche Grundlage für Salatsaucen und können auf das Öl verzichten. Kürbissprossen bereichern Salate, Eintöpfe, Brote und Suppen.
Die Kraftsprossen verführen zu vielen neuen Rezepten und zum Naschen.

Kürbissprossen

Die Mandelsprosse

Anreicherung der Inhaltsstoffe

18% Protein wandelt sich in Aminosäuren mit allen essentiellen Anteilen.
Vitamine B_1, B_2, B_3 und A steigen an.
Ungesättigte Fettsäuren, fettlösliche Stoffe, Calcium, Kalium, Magnesium, Phosphor und Mangan wandeln sich während des Keimens in eine für den Körper leichter aufnehmbare Form.
Enzymanreicherung.

Vom Samen zur Sprosse

Keimmethode: auf feuchtem Papier oder im Glas
Einweichzeit: bis zu 20 Stunden
Temperatur: 21 Grad
Wässern (Besprühen): 2–3mal täglich
Ernte: nach 3–4 Tagen
Länge des Keims: ca. 5 mm
Ertrag: ½ Tasse Mandeln ergibt ¾ Tasse Sprossen

Kochen mit Mandelsprossen

Wer gerne nascht, wird sich schnell daran gewöhnen, immer ein Mandelspößchen zur Hand zu haben, und es gibt keine bessere Möglichkeit, Milchgetränke, feine Nußfüllungen oder Brotaufstrich zuzubereiten, als mit der Mandelsprosse!

Mandelsprossenmilch

½ Tasse Mandelsprossen
½ Tasse Sonnenblumen-
sprossen

2 Tassen klares Wasser
1 Prise Meersalz

Im Mixer pürieren wir die Sprossen zu einer feinen, liquiden Masse. Eventuell müssen wir noch ein wenig Wasser zugeben. Diese Milch hat einen natürlichen Nußgeschmack und ist ein nahrhaftes Lebensmittel. Eine herrliche Alternative, wenn Kuhmilch nicht vertragen wird.

Mandelfüllung

2 Eier
1 Tasse Quark
1 Tasse Mandelsprossen, fein gehackt
½ Tasse Roggensprossen
1 kleine Zwiebel, sehr fein geschnitten

1 Knoblauchzehe, gepreßt
2 EL Sesamsprossen
Muskat
Meersalz
(so wenig wie möglich)

Eier, Quark und Sprossen verrühren, die Zwiebel und die Sesamsprossen bräunen und alle Zutaten zu einer sämigen Masse vermischen, die mit Muskat und Salz abgeschmeckt wird.
Die Mandelmasse ist eine wunderbare Füllung für knusprige Pfannkuchen und ungewöhnlich im Bratapfel.

Verschiedene Samen in einem Glas zu Sprossen züchten

Bis auf die Samen der Hülsenfrüchte, wie Erbsen usw., können wir die vielfältigsten Versuche anstellen, aus Samen der verschiedensten Sorten in einem Glas Sprossen zu züchten.
Gerade die teuren würzigen Samen, wie Senf und Rettich, sind schon in kleiner Dosierung ideale Zutat und Würze für einen Sprossensalat.
Das Mischen der Samen ist auch eine kluge Methode, von den verschiedenen Geschmacksnuancen und Inhaltsstoffen während nur einer Mahlzeit zu profitieren.

Hier der erste Vorschlag:

Je ein Drittel Linsen, grüne Mungobohnen und Luzernensamen.
Nach einer Einweichzeit von ca. 8 Stunden halten wir unsere Samen feucht und ernten nach durchschnittlich 3 Tagen.
Dieses Sprossentrio hat Pfiff – besonders als Salat.
Die zweite Kombination schließt Getreidekörner ein:
Welche Kraft spendet die »Sprossenmelodie« aus zwei Teilen Weizen, einem Teil Roggen, einem Teil Gerste und einem Teil Leinsamen!
Die dritte, wohl erprobteste Mischung ist, 2 Teile grüne Mungobohnen, 2 Teile Linsen und je nach der gewünschten Geschmacksintensität 1 TL Senf, 1 TL Rettich und 2 EL Luzerne zugeben.
Der erfinderische Sprossengärtner steht vor einer Fülle von Kombinationsmöglichkeiten – zu seinem größtmöglichen Glück für Gaumen und Gesundheit.

Das Wunder des Keimens
im Dienste Ihrer Gesundheit
bio_snacky Keimgeräte

Bio-Snacky

bestehend aus 3 Keimschalen, einer Wasserauffangschale und einem Deckel. Das klassische Gerät zur Anzucht von Keimen und Sprossen.
<u>Der Vitaminverstärker</u>.

NEU: Bio-Snacky Hydro 12

das Gerät besteht aus Pflanzschale, Wasserschale und Deckel. Für die Weiterzucht von Keimen und Sprossen zu 12-Tage-Kraut (Grünkraut).
<u>Der Chlorophyllspender</u>.

Verkauf durch den Reformfachhandel, wo nicht erhältlich, wenden Sie sich an die Biokosma GmbH, Pf 5509, 7750-Konstanz 12. Schweiz: Biorex AG 9642 Ebnat-Kappel.

Quellennachweis

I. Bücher zur Ernährung

Dr. M. O. Bruker
»Gesund durch richtiges Essen«
Econ-Verlag

Prof. Dr. W. Kollath
»Getreide und Mensch – eine Lebensgemeinschaft«
Helfer Verlag

Prof. Dr. W. Kollath
»Die Ordnung unserer Nahrung«
Haug-Verlag

Dr. Udo Renzenbrink
»Zeitgemäße Getreideernährung«
Rudolf Geering Verlag

Rudolf Steiner
»Naturgrundlagen der Ernährung«
Verlag Freies Geistesleben

Francis Moore Lappé
»Die Öko-Diät«
Fischer-Verlag

II. Bücher zur Sprossenzucht

Viktoras Kulvinskas
»Leben und Überleben – Kursbuch ins 21. Jahrhundert«
F. Hirthammer Verlag

D. A. Phillips
»Gesunder Boden – gesunde Seele«
Aurum Verlag

Dr. Ann Wigmore
»You Are Your Own Healer«
Boston, Mass., USA, Exeter Street

Eydie Mae
»How I Conquered Cancer Naturally«
Production House, 4307 North Euclid Avenue,
San Diego, Ca. 92115, USA

Karen Cross Whyte
»The Complete Sprouting Cookbook«
Troubador Press, San Francisco

Claude Aubert
»Das große Buch der biologischen gesunden Ernährung«
Pietsch Verlag

»Leben in Findhorn«
Modelle einer Welt von morgen
Hermann Bauer Verlag

Alphabetisches Register

Anis-Mandelplätzchen 105
Aprikosensalat mit Weizensprossen 167
Auberginenpaste mit gesprossenen Sonnenblumenkernen 184
Avocadocreme mit Roggensprossen 179
Azuki-Bohnen-Suppe 74

Bananensauce würzig mit Senfsprossen 153
Blumenkohl geraspelt mit Aprikosenmus und Luzernen 149
Blumenkohl mit grünen Sojabohnensprossen 189
Buchweizenpfannkuchen (Blinis) 34

Champignon-Tomatensalat mit Kresse 207
Chicorée mit Leinsamenpflänzchen 211
Chicorée-Roggensprossensalat 179
Chinakohl und grüne Sojabohnensprossen 188

Darren (Getreide) 29

Erbsensprossencremesuppe 200
Ezechiel-Brot 40

Fenchelsalat mit gelben Sojabohnensprossen 204
Frischkornbrei nach Dr. Bruker (ungekochter Brei) 64
Frühstücksgericht pikant-herb (mit Weizensprossen) 167
Füllung für Buchweizenpfannkuchen 35

Geräte für die Körnerküche 31
Gersteneintopf 39

Gerstenfüllung 173
Gersten-Quarkauflauf 39
Gerstenschleim 38
Gerstensprossensalat 174
Gerstensud 38
Getreide – Kochen 30
Getreide – Kontrolle der Keimfähigkeit 28
Getreide – Säubern, Vorquellen, Einweichen 29
Getreide – Schroten 30
Getreide – Was essen wir dazu? 31
Getreide – Würzen 30
Gewürzomelett 164
Gewürzreis 164
Gomasio 108
Grüne Erbsensuppe – Mein Lieblingsgericht 84
Grundsuppe für Erbsensprossen 199

Haferauflauf 43
Hafersprossenmüsli 176
Halva, roh 112
Hirsebrei – Grundrezept 46
Hirse, körnig 47
Hirsesprossenmüsli 160
Hülsenfrüchte – Grundrezept 68

Johannisbeersauce mit Senfsprossen (Cumberlandsauce) 154

Kartoffelpüree schaumig mit Rettichsprossen 162
Kichererbsencreme mit Tahini 197
Kichererbsencurry 88
Kichererbsen – Grundrezept 87
Kichererbsensprossen als Salat 196
Kichererbs-Kroketten 87

Leinsamentee 102
Linsenpüree 91

Linsensprossen in Avocadocreme 193
Linsensprossensalat mit Croûtons
    (gerösteten Brotwürfeln) 191
Linsensprossen-Zucchinisalat 192
Linsensuppe 91
Luzernensprossen mit
    gekrusteten Kichererbsen-
    sprossen 197
Luzernensprossen mit Pfirsichmus
    148

Maisbrot aus der Form 51
Maisfladen 50
Maisgemüse 50
Mandelcremesuppe 105
Mandelfüllung 217
Mandelsprossenmilch 217
Marinierte gelbe Sojabohnen-
    sprossen 204
Marinierte weiße Bohnen 71
Meine Lieblings-Salatsauce 187
Milchprodukte zum Frischkorn-
    brei 65
Möhrencurry mit Bockshornklee-
    sprossen 165
Möhrensalat mit Sesamsprossen 158

Nüsse zum Frischkornbrei 64

Obstsalat mit Roggensprossen
    und saurer Sahne 178
Obst zum Frischkornbrei 65

Pikantes Einweichwasser 29
Polenta 52

Quarkrollen mit gerösteten
    gelben Sojabohnensprossen 203

Reis – Grundrezept 56
Reissprossensalat 181
Roggenauflauf 60
Roggen – Grundrezept 60
Rote-Bete-Salat mit Senfsprossen
    auf Chinakohlblättern 151

Rotkohlsalat mit Linsensprossen
    und Datteln 193

Salatsauce 187
Schroten (Getreide) 30
Sellerie geraspelt mit Kresse 208
Sellerie geraspelt mit Luzernen-
    sprossen 149
Senfsprossenbutter 154
Senfsprossenmayonnaise 151
Senfsprossenpaste 156
Senfsprossen und Feigen in Feld-
    salat 152
Sesamkrokant 108
Sesamkugeln 158
Sojamilch 78
Sommersalat mit grünen Soja-
    sprossen 188
Sonnenbrot 169
Spinatsalat mit Linsensprossen
    194
Sprossenfrühstück 184
Staudensellerie in einer Creme
    aus den Keimen des Sonnen-
    blumenkerns 183
Süßes Weizenkorn 64

Tee gegen Blähungen 97
Tofu – Sojabohnenquark 79

Ungekochter Brei aus vielen
    Körnern (Frischkornbrei) 64

Vollweizenknusperchen 176

Weißkohl-Linsensprossensalat 192
Weißkohlsalat mit Senfsprossen
    152
Weizen – Grundrezept 64
Weizensprossen-»Hamburger« 168
Wildkräutersalat (aus selbst-
    gesuchten Kräutern) 170
Würze im Frischkornbrei 65
Würziges Einweichwasser für
    exotische Getreidegerichte 29

Vitamine aus dem eigenen Wintergarten

Der biologische Hausgarten, der Ihnen täglich frische Weizen-, Kresse-, Mungo-, Alfalfa- oder Senfkeimlinge liefert!
Der Bio-Snacky Keimapparat ist bescheiden, lebt von Wasser und Samen allein und braucht wenig Platz. Zu jeder Jahreszeit schenkt er Ihnen neue Energie für besseres Wohlbefinden, gesteigerte Kräfte und Lebensfreude! Besonders im Winter sind vitalstoffreiche Keimlinge unentbehrlich für Gesundheit, Schönheit und Schlankheit.

Bio-Snacky ist ein kleines Naturwunder, denn er lässt Sie am Keimen der Samen und am Wachsen der zarten Pflänzchen — zur Freude der ganzen Familie — teilnehmen.
Frischer, vitalreicher geht es nicht mehr! Bio-Snacky zaubert herrlich schmeckende Weizen-, Mungo-, Alfalfa- und Senfkeimlinge in nur zwei Tagen. Taufrischen Kressesalat in fünf bis sechs Tagen.
Wäre dies nicht ein Geschenk? Auch für Sie selbst!

bio_snacky

Bezugsquellen in Deutschland:
Verkauf in Reformhäusern.
Wo nicht erhältlich, wenden Sie sich an die
BIOKOSMA GmbH
7750 Konstanz
Schließfach 5509

Bezugsquellen in der Schweiz:
BIO-Snacky erhalten Sie in jedem Reformhaus.